Birte Spitz

Nachhaltigkeit in der Logistik unter besonderer Betrachtung der Emissionsreduzierung im Güterverkehr

Birte Spitz

Nachhaltigkeit in der Logistik unter besonderer Betrachtung der Emissionsreduzierung im Güterverkehr

Wismarer Schriften zu Management und Recht, Band 67

www.wismarer-schriften.de

Spitz, Birte

Nachhaltigkeit in der Logistik unter besonderer Betrachtung der Emissionsreduzierung im Güterverkehr

Wismarer Schriften zu Management und Recht
Band 67

Herausgegeben von:
Prof. Dr. Jost W. Kramer
Prof. Dr. Karl Wolfhart Nitsch
Prof. Dr. Gunnar Prause
Prof. Dr. Andreas von Schubert
Prof. Dr. Andreas Weigand
Prof. Dr. Joachim Winkler

1. Auflage 2011 | ISBN: 978-3-86741-759-4

© Europäischer Hochschulverlag GmbH & Co. KG, Bremen, 2011.
Alle Rechte vorbehalten.

Inhaltsverzeichnis

Inhaltsverzeichnis 6
Abbildungsverzeichnis 8
Tabellenverzeichnis 9
Abkürzungsverzeichnis 10
Vorwort 12
1. Einleitung 13
2. Nachhaltigkeit 15
   2.1. Nachhaltige Entwicklung 15
   2.2. Die drei Säulen der Nachhaltigkeit 17
   2.3. Umwelteinwirkungen von Transporten 20
3. Modal Split 24
   3.1. Profile der Transportmittel 24
      3.1.1. LKW 24
      3.1.2. Bahn 27
      3.1.3. Binnenschiff 30
      3.1.4. Zusammenfassender Vergleich 33
   3.2. Multimodaler Verkehr 35
   3.3. Entwicklung und Ursachen des Modal Split 41
      3.3.1. Entwicklung des Modal Split 41
      3.3.2. Ursachen der Veränderung des Modal Split 44
4. Anreize zur Emissionseinsparung 48
   4.1. Motive 48
   4.2. Externe Effekte 51
5. Nachhaltigkeit in der Transportlogistik 53
   5.1. Transportlogistik 53
   5.2. Strategien zur umweltfreundlichen Transportgestaltung ... 54
   5.3. Nachhaltige Netzwerke durch strukturelle Anpassungen ... 56
      5.3.1. Optimierung der Tourenplanung 56
      5.3.2. Konsolidierung 62
      5.3.3. Güterverkehrszentren und City Logistik 67

      5.3.4. Stufigkeit der Lieferkette 68
      5.3.5. Technischer Fortschritt 70
6. Fazit und Ausblick 75
Literaturverzeichnis 77
Anhang 84

Abbildungsverzeichnis

Abbildung 1: Die 3 Säulen der Nachhaltigkeit 17
Abbildung 2: CO_2-Emissionsfaktoren [g CO_2/tkm] im Vergleich 34
Abbildung 3: Kostenstruktur des kombinierten Verkehrs
(Straße/Schiene) 38
Abbildung 4: Verkehrsleistung in Deutschland 1991-2008
(in Mrd. tkm) 42
Abbildung 5: Prognose der Verkehrsleistung in Mrd. tkm 44
Abbildung 6: Eigendynamik der Engpassverstärkung 49
Abbildung 7: CO_2-Emissionen nach Quellkategorien in %
im Jahr 2007 53
Abbildung 8: Leerfahrten bei Rückladung 60
Abbildung 9: Möglichkeiten zur Konsolidierung 63
Abbildung 10: Einführung von Rahmentourenplanung 66

Tabellenverzeichnis

Tabelle 1: CO_2-Emissionsfaktoren des Straßengütertransports............ **26**
Tabelle 2: CO_2-Emissionsfaktoren des Schienengütertransports **29**
Tabelle 3: CO_2-Emissionsfaktoren des Binnenschiffstransports........... **32**
Tabelle 4: Zuordnungsmatrix für Rückladungen **61**
Tabelle 5: Optimale Rückladungszuordnung **62**

Abkürzungsverzeichnis

Abb.	Abbildung
ATV	Anzahl der Transportvorgänge
CFK	Carbon-Faserverstärkter-Kunststoff
CO_2	Kohlenstoffdioxid
d. h.	das heißt
g	Gramm
GVZ	Güterverkehrszentrum
IFEU	Institut für Energie- und Umweltforschung
inkl.	inklusive
IT	Informationstechnologie
km	Kilometer
km/h	Kilometer pro Stunde
LKW	Lastkraftwagen
m	Meter
Mio.	Million
Mrd.	Milliarden
MTW	mittlere Transportweite
t	Tonnen
TA	Transportaufkommen
tkm	Tonnenkilometer
TL	Transportleistung
TMA	Transportmittelauslastung
u.a.	unter anderem

USA	United States of America
v.H.	von Hundert
vgl.	vergleiche
Wh	Wattstunde
z. B.	zum Beispiel

Vorwort

Das nachhaltige Wirtschaften hat sich gerade in den letzten Jahren mit dem nur noch von wenigen bestrittenen Klimawandel und der zunehmenden Ressourcenknappheit zu einer zentralen politischen und damit indirekt auch ökonomischen Zielgröße entwickelt. Für die Transportwirtschaft mit ihrem von der weiter zunehmenden internationalen Arbeitsteilung und Globalisierung induzierten starken Wachstum stellt diese Entwicklung eine besondere Herausforderung dar. Während einerseits die Nachfrage nach Transportleistungen weiter mit hohen Zuwachsraten steigt (insbesondere die nach Emmissionsgesichtspunkten besonders schädlichen LKW-Transporten), soll der CO_2-Ausstoß sich nach Möglichkeiten nicht weiter erhöhen, idealerweise sogar abgesenkt werden. Frau Spitz beschäftigt sich in ihrer Arbeit mit diesem Dilemma der Nachhaltigkeit der Logistik unter besonderer Betrachtung der Emmissionsreduzierung im Güterverkehr. Sie beginnt mit einer allgemeinen Einführung in die Nachhaltigkeitsproblematik, stellt die Verkehrsträger dar und geht dabei insbesondere auf deren spezifischen CO_2-Ausstoß ein, beschreibt wesentliche Gründe für die Einsparung von CO_2-Emissionen und diskutiert verschiedene Strategien/Maßnahmen zur Emissionsreduzierung. Die Relevanz der Thematik wird in Einleitung und Fazit gut motiviert.

Frau Spitz ist es mit einem ausführlichen Literaturstudium sehr gut gelungen, die wesentlichen Aspekte der Nachhaltigkeit in der Transportlogistik in kompakter Form darzustellen. Sie setzt sich dabei sachlich mit der Thematik auseinander und verfällt nicht in die wirtschaftsfremde, sozialromantische oder sogar naive Sichtweise, wie man sie des Öfteren insbesondere aus politischen Kreisen hört und liest.

Wismar, im Oktober 2011

Bernd Wagner

1. Einleitung

Die Themen Nachhaltigkeit und Umweltschutz gewinnen in der heutigen Zeit immer mehr an Bedeutung. Die Gefahr des Klimawandels ist inzwischen allgemein bekannt und die Wirtschaft ist sich ihrer Verantwortung durchaus bewusst. Es gibt kaum ein Unternehmen, das noch keine Umweltschutzziele in ihren Unternehmensleitlinien verankert hat. Nur an der Umsetzung dieser Ziele hapert es oft. Dabei müssen sich ökologische und wirtschaftliche Ziele nicht unbedingt ausschließen, durch ressourcenschonendes Handeln ergeben sich oft auch für Unternehmen Kostenvorteile.

Die Logistik, insbesondere der Transport, ist der zweitgrößte Emittent des klimaschädlichen Gases Kohlenstoffdioxid (CO_2) in Deutschland.[1] Bis 2050 wird eine Verdopplung der Verkehrsleistung prognostiziert.[2] Diese beiden Aussagen in Verbindung beinhalten ein wesentliches Problem im Kampf gegen den Klimawandel, denn sie führen, bei fehlenden Gegenmaßnahmen, zu einer noch höheren Umweltbelastung. Diese Umstände stellen den Anlass für diese Arbeit dar.

Die Ausführungen beginnen mit Erläuterungen zum Begriff Nachhaltigkeit. Im Zuge derer werden die Entwicklung der Nachhaltigkeit beschrieben und die verschiedenen Dimensionen aufgezeigt. Daraufhin wird verdeutlicht, welche Umwelteinwirkungen Transporte überhaupt verursachen und aus welchen ökologischen Gründen diese zurückgeschraubt werden sollen. Im dritten Kapitel werden zunächst verschiedene Transportmittel, die für den Güterverkehr eingesetzt werden, verglichen und auf ihre Umweltfreundlichkeit begutachtet. Daraufhin folgt eine Prüfung des multimodalen Verkehrs. Danach werden der

---

[1] vgl. Umweltbundesamt (2009): Klimaänderungen - Treibhauseffekt – Eine globale Herausforderung.
[2] vgl. ProgTrans AG Basel (2007): Abschätzung der langfristigen Entwicklung des Güterverkehrs in Deutschland bis 2050, S. 1.

aktuelle sowie der prognostizierte Modal Split und dessen Ursachen dargestellt. Im nächsten Abschnitt wird erläutert, welche Umstände dazu führen, dass Unternehmen sich auch wirtschaftlich gezwungen sehen, Emissionen einzusparen. Zuletzt werden Strategien beschrieben, die von Unternehmen, die die Umweltverträglichkeit ihrer Logistik verbessern wollen, verfolgt werden sollen. Dabei beschränkt sich diese Arbeit auf die Transportlogistik. Abschließend werden Möglichkeiten aufgezeigt, wie Transportnetzwerke angepasst werden können, um die zuvor erarbeiteten Strategien zu verfolgen.

Diese Arbeit erhebt keinen Anspruch auf Vollständigkeit. Die Voraussetzung für die Umsetzung ökologischer Ziele, nämlich die Verankerung im Management und die ganzheitliche Umsetzung, werden ebenso vernachlässigt wie die schwierige Messbarkeit von Umweltbelastungen und Maßnahmen, welche ein ernst zu nehmendes Problem für ein wirtschaftlich arbeitendes Unternehmen darstellt. Dennoch schafft die Ausarbeitung einen Überblick über das Thema Nachhaltigkeit und zeigt Ansatzpunkte für einen umweltfreundlicheren Transport auf, welche helfen können, die negativen Umwelteinwirkungen einzudämmen. Dabei wurde auf ein umfangreiches Literaturrepertoire zurückgegriffen, auf das an den jeweiligen Stellen verwiesen wird.

2. Nachhaltigkeit

2.1. *Nachhaltige Entwicklung*

Trotz der Aktualität und der Präsenz, die das Thema Nachhaltigkeit momentan zeigt, ist das Konzept grundsätzlich nicht neu. Geprägt wurde der Begriff erstmals 1713 von dem Berghauptmann Hans Carl von Carlowitz im Hinblick auf die Forstwirtschaft. Dieser verlangte, dass nur so viele Bäume abgeholzt werden sollten wie auch wieder nachwachsen konnten, um eine beständige Nutzung zu gewährleisten.[3] Somit forderte er also, dass der Verbrauch der natürlichen Ressourcen nicht die Regenerationsrate überschreitet. Wird die Forderung von Herrn Carlowitz auf die zu betrachtende Situation bezogen, kann die Regenerations- um die Substitutionsrate erweitert werden: Die Menschheit sollte nicht mehr endliche Rohstoffe, wie z. B. Öl, verbrauchen als sie durch regenerierbare Energie ersetzen kann.[4]

1983, also 170 Jahre später, beschließt die USA die Gründung der Weltkommission für Umwelt und Entwicklung, die sich mit der Erarbeitung von Strategien für eine langfristige Entwicklung beschäftigen soll.[5] Diese veröffentlicht vier Jahre später (1987) in ihrem Abschlussbericht „Our Common Future" (auch Brundtland-Report genannt) die erste moderne und meist zitierte Definition von Nachhaltigkeit, die sich insbesondere mit der Generationsgerechtigkeit befasst:

---

[3] vgl. Günther, E. (2008): Ökologieorientiertes Management, S. 41.
[4] vgl. Bretzke, W.-R. (2010): Logistik in Zeiten des Klimawandels – Vom Teil des Problems zum Teil der Lösung, in: Bundesvereinigung Logistik (BVL) e.V. (Hrsg.): Strukturwandel in der Logistik, Wissenschaft und Praxis im Dialog, S. 216.
[5] vgl. Günther, E. (2008): Ökologieorientiertes Management, S. 42.

"Sustainable development is development that meets the needs of the present without compromising the ability of future generations to meet their own needs."[6]

Unter nachhaltiger Entwicklung wird also insbesondere eine Entwicklung verstanden, „die den Bedürfnissen der heutigen Generation entspricht, ohne die Möglichkeit künftiger Generationen zu gefährden, ihre eigenen Bedürfnisse zu befriedigen und ihren Lebensstil zu wählen."[7]

Der Brundtland-Report verhalf dem Thema Nachhaltigkeit zu internationalem Interesse.[8] Er war der Auslöser für die Umweltkonferenz in Rio de Janeiro (1992), auf der beschlossen wurde, dass Maßnahmen zum Klimaschutz getroffen werden müssen[9] und stellt somit ein entscheidendes Ereignis bei der Integration von Umwelt- und Entwicklungsbestrebungen in globale Politikstrategien dar.[10] Nach dieser Konferenz entstand das 3-Säulen-Modell, dem der nächste Abschnitt gewidmet ist.[11] Spätestens seit der Vereinbarung erster konkreter Reduktionsziele 1997 im Rahmen des Kyoto-Protokolls ist das Thema Nachhaltigkeit aus keiner Klimadebatte mehr wegzudenken.[12]

---

[6] World Commission on Environment and Development (1987): Our Common Future, S. 43.
[7] Deutscher Bundestag (2002): Schlussbericht der Enquete-Kommission - Globalisierung der Warenwirtschaft – Herausforderungen und Antworten, Drucksache 14/9200, S. 393.
[8] vgl. Kotzab, H./Schütz, S. (2009): Nachhaltiges Supply Chain Management in der Konsumgüterwirtschaft – Erfahrungen von Nestlé, in: Inderfurth, K./Schenk, M./Wäscher, G./Zadek, H./Ziems, D. (Hrsg.): Sustainable Logistics, S. 57.
[9] vgl. Bretzke, W.-R./Barkawi, K. (2010): Nachhaltige Logistik, S. 9.
[10] vgl. Aachener Stiftung Kathy Beys (1987): Brundtland-Report: Unsere gemeinsame Zukunft.
[11] vgl. Stahlmann, V. (2008): Lernziel: Ökonomie der Nachhaltigkeit, S. 61.
[12] vgl. Stölzle, W./Fagagnini, H. (2010): Güterverkehr kompakt, S. 230.

2.2. Die drei Säulen der Nachhaltigkeit

Die nachhaltige Entwicklung versteht sich in drei Dimensionen, die in dem „3-Säulen-Ansatz" („tripple bottom line") veranschaulicht werden (siehe Abb. 1).[13]

Diesem Modell zufolge muss langfristig ein Ausgleich zwischen ökonomischen, ökologischen und sozialen Interessen erreicht werden, um dem Ziel der Nachhaltigkeit näher zu kommen.[14] Jede dieser drei Interessen stellt eine eigene Säule dar und hat dementsprechend eigene Aufgaben und Ziele.

Abbildung 1: Die 3 Säulen der Nachhaltigkeit

Quelle: Hofmann, H. (o.J.): 3 Säulen der Nachhaltigkeit, abgerufen unter: http://www.intern.tu-darmstadt.de/zeigebild.de.jsp?quelle=/media/dezernat_iv/d4_grafiken/sulen_nachhaltigkeit.gif&beschreibung=Grafik:+Heiko+Hofmann, 10.01.2011.

Die ökonomische Säule beinhaltet die Forderung nach wirtschaftlicher und politischer Stabilität, um eine langfristige Sicherung des Wohlstandes durch den Aufbau wirtschaftlicher Potentiale erreichen zu

---

[13] vgl. Koplin, J. (2006): Nachhaltigkeit im Beschaffungsmanagement, S. 22.
[14] vgl. Michalak, P. (2009): Ökologische Logistik - Analyse von Wirkungszusammenhängen und Konzeption von ökologischen Wettbewerbs- und Logistikstrategien, S. 6.

können.[15] Ferner müssen weitsichtige Formen des Wirtschaftens, in denen die Ziele Lebensqualität und Ressourcenschonung harmonieren und sich nicht widersprechen, entwickelt und verstärkt werden.

Im Mittelpunkt der ökologischen Säule, die außerdem für diese Arbeit am wichtigsten ist, steht der Schutz der natürlichen Lebensgrundlage. Dies soll insbesondere durch die Schonung natürlicher Ressourcen und durch die Berücksichtigung der Belastbarkeitsgrenzen der Aufnahme- und Regulierungsfunktion der Umwelt erreicht werden.[16] Bezugnehmend auf den Transport bedeutet dies, dass insbesondere mit der Ressource Öl schonend umgegangen und der Ausstoß von Emissionen sowie die Verursachung anderer externer Effekte[17] reduziert werden muss.[18]

Die soziale Dimension des 3-Säulen-Modells beschäftigt sich mit der Existenzsicherung aller Gesellschaftsmitglieder und mit dem sozialen Ausgleich zwischen den Generationen,[19] also z. B. der Verteilung des Wohlstandes zwischen den heute lebenden und den zukünftigen Generationen.[20] Konkrete Ziele auf Unternehmensebene könnten also beispielsweise die Sicherung von Arbeitsplätzen und die Einhaltung von

---

[15] vgl. Large, R. (2010): Nachhaltigkeit und Logistik – Überlegungen zur normativen Ebene des Logistikmanagements, in: Schönberger, R./Ebert, R. (Hrsg.): Dimensionen der Logistik, Funktionen, Institutionen und Handlungsebenen, S. 484.
[16] vgl. Koplin, J. (2006): Nachhaltigkeit im Beschaffungsmanagement, S. 22 ff.
[17] siehe Abschnitt 4.2.
[18] vgl. Gomm, M./Hansen, E. G. (2010): Nachhaltige Mobilität durch Mitfahrkonzepte – Herausforderung und Lösungsansätze für eine bessere Auslastung bestehender Mobilitätsressourcen in privaten PKW, in: Schönberger, R./Elbert, R. (Hrsg.): Dimensionen der Logistik, S. 503.
[19] vgl. Large, R. (2010): Nachhaltigkeit und Logistik – Überlegungen zur normativen Ebene des Logistikmanagements, in: Schönberger, R./Ebert, R. (Hrsg.): Dimensionen der Logistik, Funktionen, Institutionen und Handlungsebenen, S. 484.
[20] vgl. Koplin, J. (2006): Nachhaltigkeit im Beschaffungsmanagement, S. 22.

Mindeststandards (z. B. Menschenrechte und -würde) sein.[21] Auf dieser Säule lastet ein besonderer Druck, da davon ausgegangen werden kann, dass die soziale Entwicklung die Voraussetzung für ökonomische und ökologische Verbesserungen darstellt.[22]

Das 3-Säulen-Modell verdeutlicht, dass ökologische Problemstellungen, wie z. B. die Emissionsreduzierung im Güterverkehr, nicht losgelöst von der wirtschaftlichen und sozialen Thematik betrachtet werden können. Zur Analyse und Behebung der Probleme ist also ein integrativer Ansatz erforderlich.[23]

Komplexe Wirkungsbeziehungen zwischen den Säulen lassen ein magisches Dreieck entstehen. Die Ziel-Beziehungen der Säulen zueinander können dementsprechend komplementär, konkurrierend oder indifferent sein. Als eine komplementäre Zielbeziehung kann die Minimierung von Material- und Energieeinsätzen (ökologisches Ziel) zur Gewinnmaximierung (ökonomisches Ziel) angesehen werden. Das soziale Ziel der Arbeitsplatzsicherung hingegen widerspricht der Gewinnmaximierung und stellt somit eine konkurrierende Zielbeziehung dar. Die Respektierung der Menschenwürde (soziales Ziel) beeinflusst das Ziel der Emissionsreduzierung (ökologisches Ziel) keineswegs, damit ist die Zielbeziehung also indifferent.

Die Analyse der Zielbeziehungen stellt allerdings eine große Herausforderung dar.[24] Oft können nicht alle künftigen Auswirkungen eindeutig vorhergesehen und die Wirkungen so nicht vollständig über-

---

[21] vgl. Stabauer, M. (2009): Logistische Kennzahlensysteme - Unter besonderer Berücksichtigung von Nachhaltigkeit, S. 62.
[22] vgl. Koplin, J. (2006): Nachhaltigkeit im Beschaffungsmanagement, S. 31.
[23] vgl. Michalak, P. (2009): Ökologische Logistik - Analyse von Wirkungszusammenhängen und Konzeption von ökologischen Wettbewerbs- und Logistikstrategien, S. 6.
[24] vgl. Michalak, P. (2009): Ökologische Logistik - Analyse von Wirkungszusammenhängen und Konzeption von ökologischen Wettbewerbs- und Logistikstrategien, S. 8.

prüft werden. Um dennoch zu entscheiden, welche Ziele, trotz oder wegen ihrer Zielbeziehungen, definiert werden, müssen Schwerpunkte gesetzt werden. Beispielsweise ist es sinnvoll, dass Industrieländer ihre Priorität auf ökologische Ziele setzen, während es für Entwicklungs- und Schwellenländer eher ratsam ist, sich an ökonomischen und sozialen Zielen zu orientieren.[25] Das 3-Säulen-Modell birgt ferner die Gefahr, dass politische und unternehmerische Entscheidungen bewusst entgegen der ökologischen Ziele getroffen werden, mit der Rechtfertigung, dass diese sich negativ auf die momentane ökonomische und soziale Situation auswirken.[26]

Die Verknüpfungen zwischen den drei Dimensionen des Modells dürfen folglich nicht vernachlässigt werden. In der Transportlogistik gibt es allerdings die größten Potentiale zur nachhaltigen Prozessgestaltung in der Emissionsminimierung. Die Motive zur nachhaltigen Entwicklung und die Auswirkungen sind wirtschaftlicher Natur. Deshalb beschränken sich diese Ausarbeitungen auf die ökologische und die ökonomische Säule.

2.3. Umwelteinwirkungen von Transporten

Der Transport hat eine große Bedeutung in der Logistik. Er trägt mit einem Anteil von 44 % am gesamten Umsatz der Logistik einen bedeutenden Teil zur Wertschöpfung bei. Allerdings verschuldet dieser Sektor auch die größten negativen Umwelteinwirkungen.[27] Welche Umwelteinwirkungen dies im Besonderen sind, wird im Folgenden erläutert.

---

[25] vgl. Koplin, J. (2006): Nachhaltigkeit im Beschaffungsmanagement, S. 31.
[26] vgl. Petschow, U. et al. (Hrsg.) (1998): Nachhaltigkeit und Globalisierung, S. 29.
[27] vgl. Lortz, A. et al. (2010): CO_2-Bilanzierung zur Gestaltung klimafreundlicher Transportketten bei BASF, in: Elbert, R. (Hrsg.): Dimensionen der Logistik, S. 215.

Grundsätzlich ist zwischen direkten und indirekten Umwelteinwirkungen zu unterscheiden. Die direkten Folgen zeichnen sich dadurch aus, dass sie direkt aus der Transportleistung und dem Betrieb der Transportmittel entstehen. Die indirekten Folgen hingegen resultieren nicht unmittelbar aus dem Transport, sondern aus der Schaffung von Voraussetzungen für diese Vorgänge, wie z. B. der Bau der Infrastruktur und die Bereitstellung der Transportmittel.[28] Im Rahmen dieser Arbeit werden ausschließlich direkte Einwirkungen näher erläutert, da diese vom Logistikunternehmen selbst durch die Gestaltung der eigenen Transportvorgänge beeinflusst werden können. Die Einflussnahme auf indirekte Folgen hingegen wird nicht von Logistikunternehmen verantwortet, sondern z. B. vom Staat oder von der Forschung und Entwicklung der Automobilindustrie.

Die direkten Umwelteinwirkungen umfassen Emissionen und den Ressourcenverbrauch.

1) Emissionen

Emissionen sind nach § 3 des Bundes-Immissionsschutzgesetzes „…die von einer Anlage ausgehenden Luftverunreinigungen, Geräusche, Erschütterungen, Licht, Wärme, Strahlen und ähnlichen Erscheinungen". Im Sinne dieser Arbeit wird der Begriff „Anlage" mit dem Begriff „Fahrzeug" gleichgesetzt, da ausschließlich Emissionen im Transportbereich betrachtet werden.[29]

Verkehrsbedingte Emissionen entstehen durch die im Motor eines Fahrzeuges vor sich gehende Verbrennung des Kraftstoffes, also z. B. bei der Verbrennung von Dieselkraftstoff im Motor eines LKW. So entstehen Abgas- und Verdunstungsemissionen sowie Geräuschemissio-

---

[28] vgl. Kraus, S. (1997): Distributionslogistik im Spannungsfeld zwischen Ökologie und Ökonomie, S. 77 f.
[29] vgl. Kraus, S. (1997): Distributionslogistik im Spannungsfeld zwischen Ökologie und Ökonomie, S. 82.

nen und Erschütterungen durch den Verkehr.[30] Die wichtigste Emission im Zuge der Nachhaltigkeit ist das klimaschädliche Treibhausgas Kohlenstoffdioxid (CO_2).[31]

CO_2 entsteht bei der vollständigen Verbrennung des Kraftstoffes im Motor und ist prinzipiell unschädlich für Menschen, Tiere und Pflanzen. Allerdings reagiert Kohlenstoffdioxid mit der Wärmestrahlung in der Atmosphäre und verursacht so, stark vereinfacht ausgedrückt, den vieldiskutierten Treibhauseffekt. Aus diesem Effekt resultieren verschiedene Veränderungen des Klimas, u.a. ein globaler Temperaturanstieg, der das Abschmelzen des arktischen Eises und somit den Anstieg des Meeresspiegels nach sich zieht.[32] Auf detaillierte Ausführungen des Treibhauseffektes und Erläuterungen der vielfältigen Auswirkungen wird verzichtet, da dies nicht das Thema dieser Ausarbeitungen sein soll. Aus oben genannten Gründen ist also das vorrangige Ziel der nachhaltigen Logistik die Reduzierung des CO_2-Ausstoßes.

Die Bundesregierung verpflichtete sich im Rahmen des Kyoto-Protokolls, ihren Ausstoß von Treibhausgasen[33] bis 2012 im Vergleich zum Basisjahr 1990 um 21% zu reduzieren. Deutschland erreichte diese Zielsetzung bereits im Jahre 2007 und übertraf sie 2008 sogar schon um 2,3 Prozentpunkte.[34]

---

[30] vgl. Kraus, S. (1997): Distributionslogistik im Spannungsfeld zwischen Ökologie und Ökonomie, S. 85.
[31] vgl. Stiegeler, J. (2007): Entwicklung des Güterverkehrs – Analysen und Handlungsalternativen unter ökologischen Aspekten, S. 75.
[32] vgl. Kraus, S. (1997): Distributionslogistik im Spannungsfeld zwischen Ökologie und Ökonomie, S. 87.
[33] Zur Zielerreichung relevant sind die sechs Treibhausgase: Kohlenstoffdioxid (CO_2), Methan (CH_4), Distickstoffmonoxid (N_2O), Hydrogenfluorkohlenwasserstoffe (HFKW), Perfluorkohlenwasserstoffe (PFKW) und Schwefelhexafluorid (SF_6).
[34] vgl. Umweltbundesamt (2009): Klimaschutz: Treibhausgasemissionen 2008 auf tiefstem Stand seit 1990 - Deutschland erreicht sein Kyoto-Ziel, Presseinformation Nr. 16/2009, S. 1.

2) Ressourcenverbrauch

Im Straßengüterverkehr bezeichnet der Ressourcenverbrauch den Bedarf an Rohstoffen, der benötigt wird, um die Energie für einen Transport aufzubringen. Diese Ressourcen bestehen größtenteils aus nicht erneuerbaren Rohstoffen, wie z. B. Öl.

Im Rahmen der Generationsgerechtigkeit, die schließlich das Hauptargument der Nachhaltigkeit darstellt, muss, solange sich die Gesellschaft noch nicht im Stande sieht, ihren Energiebedarf aus regenerativen Quellen zu decken, der Verbrauch von diesen nicht erneuerbaren Ressourcen gesenkt werden.[35] Davon ist sie noch weit entfernt: Zwar konnte der Anteil an erneuerbaren Energien stetig gesteigert werden, dennoch beträgt der Anteil erneuerbarer Energien am gesamten Bruttostromverbrauch erst 14,8 Prozent.[36]

Da sich der Ressourcenverbrauch im Transport überwiegend im Verbrauch von Öl darstellt, ist er direkt über den Kraftstoffverbrauch quantifizierbar.[37] Folglich können beide Ziele, die Reduktion des CO_2-Ausstoßes und die Senkung des Ressourcenverbrauchs, über den Kraftstoffverbrauch reguliert und gemessen werden.

Im Zuge der steigenden Treibstoffkosten harmonieren diese Ziele außerdem gut mit dem ökonomischen Bestreben der Kosteneinsparungen durch Verminderung des Treibstoffbedarfs.

---

[35] vgl. Stiegeler, J. (2007): Entwicklung des Güterverkehrs - Analysen und Handlungsalternativen unter ökologischen Aspekten, S. 77.
[36] vgl. Umweltbundesamt (2009): Klimaänderungen - Klimaschutz im Energiesektor.
[37] vgl. Kraus, S. (1997): Distributionslogistik im Spannungsfeld zwischen Ökologie und Ökonomie, S. 81.

3. Modal Split

3.1. Profile der Transportmittel

Die Hauptursache für die heutigen Umweltprobleme wird im Verkehr gesehen.[38] Um diese Ursache näher zu betrachten, werden im Folgenden die drei Transportmittel LKW, Bahn und Binnenschiff hinsichtlich ihrer Einsatzmöglichkeiten und Umweltschädlichkeit charakterisiert und gegenübergestellt. Die Transportmittel Flugzeug und Pipeline haben für diese Arbeit keine Bedeutung und werden deswegen nicht thematisiert.

3.1.1. LKW

Der Straßengüterverkehr ist der bedeutendste Verkehrsträger der heutigen Zeit und gleichzeitig der ökologisch problematischste.[39] Seine Beliebtheit verdankt der LKW-Verkehr dem wesentlichen Vorteil, dass er aufgrund des feinmaschigen Straßennetzes in Deutschland ungebrochene Direktverkehre von Haus zu Haus anbieten kann. Durch diese Tatsache hebt er sich entscheidend von den anderen Transportmitteln ab, denn nur die Minderheit der zu beliefernden Kunden kann einen eigenen Bahnhof oder Hafen, den sie für eine direkte Belieferung durch ein anderes Transportmittel bräuchten, vorweisen. In Deutschland stehen 644.480 km Straßennetz zur Verfügung,[40] davon sind

---

[38] vgl. Lohre, D. (2004): Umweltmanagement und Qualifizierung in Speditionen - Rahmenbedingungen, Anforderungen und Instrumentenentwicklung zur Selbstqualifizierung von Umweltmanagementbeauftragten, S. 40.

[39] vgl. Stiegeler, J. (2007): Entwicklung des Güterverkehrs – Analysen und Handlungsalternativen unter ökologischen Aspekten, S. 83.

[40] vgl. Statista GmbH (2009): Top 20 Länder nach der Straßennetzdichte, abgerufen unter:
http://de.statista.com/statistik/daten/studie/157794/umfrage/ranking-ausgewaehlter-laender-nach-der-strassennetzdichte-im-jahr-2009/, 05.01.2011.

12.645 km Bundesautobahnen.[41] Durch diese hohe Netzdichte der Straßen ist der Transport bezüglich des Quell- und Zielortes höchst flexibel. Zu dieser räumlichen Flexibilität kommt die zeitliche Flexibilität. Der LKW kann kurzfristig zur Verfügung gestellt werden und bedarf keiner langfristigen Anmeldung und Planung.

Der Möglichkeit des Direktverkehrs hat es der LKW außerdem zu verdanken, dass dieser das schnellste Transportmittel darstellt. Zwar unterscheidet sich die reine Fahrtgeschwindigkeit nicht stark von der des Bahnverkehrs, allerdings entfallen durch den direkten Verkehr zeitaufwendige Umschlags-, Rangier- und Bereitstellungs-vorgänge.

Als Nachteil des Straßengüterverkehrs ist zu nennen, dass LKW nicht dazu geeignet sind, große Gütermengen zu niedrigen Kosten zu transportieren, da das zulässige Gesamtgewicht eines LKW grundsätzlich auf 40 t (Nutzlast etwa 26 t) beschränkt ist.[42] Zum Transport von Massengütern sollte deswegen also auf die Bahn oder das Schiff ausgewichen werden.

Bei der Berechnung der konkreten CO_2-Emissionen des Straßengüterverkehrs sind viele Einflussfaktoren, wie z. B. das Fahrverhalten oder das Streckenprofil, zu beachten. Diese sind in der folgenden Aufstellung nur gemittelt berücksichtigt. Die Abhängigkeit der Werte von Fahrzeugtyp, Emissionsklasse und Güterart sind in der Tabelle angegeben. Bei den Berechnungen wurden je nach Güterart jeweils unterschiedliche Auslastungsgrade und Leerfahrten berücksichtigt.[43]

---

[41] vgl. Statista GmbH (2009): Entwicklung der Gesamtlänge der Bundesautobahnen von 1970 bis 2009 (in Kilometer).

[42] vgl. Lohre, D. (2004): Umweltmanagement und Qualifizierung in Speditionen - Rahmenbedingungen, Anforderungen und Instrumentenentwicklung zur Selbstqualifizierung von Umweltmanagementbeauftragten, S. 43.

[43] vgl. Lortz, A. et al. (2010): CO_2-Bilanzierung zur Gestaltung klimafreundlicher Transportketten bei BASF, in: Elbert, R. (Hrsg.): Dimensionen der Logistik, S. 224 f.

Tabelle 1: CO_2-Emissionsfaktoren des Straßengütertransports

Fahrzeugtyp/ Emissionsklasse	CO_2-Emissionsfaktor [g CO_2/tkm] (inkl. Vorkette)		
	Massengüter[44]	Durchschnittsgüter[45]	Volumengüter[46]
40-Tonner/EURO3	65	72	111
40-Tonner/EURO4	63	70	107
40-Tonner/EURO5	60	66	102

Quelle: Lortz, A. et al. (2010): CO_2-Bilanzierung zur Gestaltung klimafreundlicher Transportketten bei BASF, in: Elbert, R. (Hrsg.): Dimensionen der Logistik, S. 225.

Die Tabelle zeigt, dass die ausgestoßene Menge an CO_2 pro tkm bei den Massengütern am geringsten ist, bei den Durchschnittsgütern ansteigt und der größte Ausstoß bei den Volumengütern zu finden ist. Des Weiteren ist zu sehen, dass die Emissionen in der höheren EURO-Norm geringer sind als in der niedrigeren.

---

[44] Massengüter: Das Fahrzeug kann bis zum maximalen Gewicht mit einer Ware beladen werden, da das Volumen der Güter verhältnismäßig klein ist (z. B. mit Kohle, Stahl oder flüssigen Gütern wie Öl oder Chemikalien). vgl. Forschungsinitiative Schiene - © Verbundprojekt Portal C (2010): Projektdokumentation, Forschungsprojekt „Portal C" im Rahmen der Forschungsinitiative Schiene, AP 10: Umweltmobilitätsvergleich, Anhang 3: Aktuelle Inhalte der EcoTransIT – Applikation, S. 5.

[45] Durchschnittsgüter: Güter, die weder Massen- noch Volumengütern zugeordnet werden können. Es wird von einer Durchschnittsauslastung ausgegangen. vgl. Forschungsinitiative Schiene - © Verbundprojekt Portal C (2010): Projektdokumentation, Forschungsprojekt „Portal C" im Rahmen der Forschungsinitiative Schiene, AP 10: Umweltmobilitätsvergleich, Anhang 3: Aktuelle Inhalte der EcoTransIT – Applikation, S. 5 f.

[46] Volumengüter: Die maximale Beladung wird über das Volumen und nicht über das Gewicht erreicht, also z. B. durch sperrige Möbel oder Kleidung. vgl. Forschungsinitiative Schiene - © Verbundprojekt Portal C (2010): Projektdokumentation, Forschungsprojekt „Portal C" im Rahmen der Forschungsinitiative Schiene, AP 10: Umweltmobilitätsvergleich, Anhang 3: Aktuelle Inhalte der EcoTransIT – Applikation, S. 5.

Im Rahmen des zusammenfassenden Vergleichs in Abschnitt 3.1.4 werden die CO_2-Ausstöße der verschiedenen Transportmittel verglichen und mit der ökologischen Problematik in Verbindung gebracht.

3.1.2. Bahn

Anfang des 19. Jahrhunderts nahm der Schienenverkehr bei der Beförderung von Gütern und Personen noch eine dominierende Stellung im Verkehr ein. Dieser hohe Anteil ist, u. a. durch die Weiterentwicklung der Kraftwagen, beträchtlich gesunken.[47] Der große Nachteil der Bahn liegt in ihrer geringen Netzdichte.[48] Die Netzlänge von 41.896 km[49] liegt weit unter der des Straßennetzes. Zwar sind alle größeren Städte durch ein Hauptnetz verbunden, aber einzelne Unternehmen verfügen meist nicht über einen eigenen Schienenanschluss.[50] Dies macht Direktverkehre nur selten möglich und lässt den Planungsaufwand steigen und somit die Flexibilität sinken.

Der entscheidende Vorteil hingegen besteht in der Massenleistungsfähigkeit der Bahn. Derzeit kann die Deutsche Bahn im normalen Verkehr Züge mit einer Länge von bis zu 750 m handhaben.[51]

---

[47] vgl. Lohre, D. (2004): Umweltmanagement und Qualifizierung in Speditionen - Rahmenbedingungen, Anforderungen und Instrumentenentwicklung zur Selbstqualifizierung von Umweltmanagementbeauftragten, S. 44.

[48] vgl. Kraus, S. (1997): Distributionslogistik im Spannungsfeld zwischen Ökologie und Ökonomie, S. 14.

[49] Statista GmbH (2009): Top 20 Länder nach der Schienennetzdichte, abgerufen unter:
http://de.statista.com/statistik/daten/studie/157790/umfrage/ranking-der-laender-nach-der-schienennetzdichte-im-jahr-2009/, am 06.01.2011.

[50] vgl. Lohre, D. (2004): Umweltmanagement und Qualifizierung in Speditionen - Rahmenbedingungen, Anforderungen und Instrumentenentwicklung zur Selbstqualifizierung von Umweltmanagementbeauftragten, S. 45.

[51] vgl. Deutsche Bahn AG (2008): Deutsche Bahn erprobt erstmals 1.000-Meter-Güterzug - Erfolgreiche Erprobungsfahrt zwischen Oberhausen und Rotterdam - Lösungsansatz zur Effizienzsteigerung im Schienengüterverkehr, Pressemitteilung vom 01.12.2008.

In Kombination mit einer idealen Kostenstruktur, die sich durch einen vergleichsweise geringen variablen Kostenanteil, der durch die Auslastung entsteht, und einem dementsprechend hohen Fixkostenanteil auszeichnet, ist der Schienenverkehr hervorragend zur Beförderung von großen Gütermengen geeignet.[52]

Wie oben bereits erwähnt, unterscheidet sich der Bahn- von dem Straßenverkehr bezüglich der Schnelligkeit nur geringfügig. Mit 160 km/h Spitzengeschwindigkeit steht der Zug dem LKW in nichts nach, jedoch kosten aufwendige Umschlagsvorgänge, die wegen der seltenen Direktverkehre meist notwendig sind, viel Zeit.[53] Folglich lohnt sich der Schienenverkehr insbesondere für längere Distanzen, auf denen die hohe Geschwindigkeit ausgenutzt werden kann und Verzögerungen durch Umschlags-, Rangier- und Bereitstellungsvorgänge nicht zu sehr ins Gewicht fallen.

Weiterhin kommt nachteilig hinzu, dass selbst wenn einzelne Unternehmensstandorte über eigene Gleisanschlüsse verfügen, ein sehr hohes Transportaufkommen vorliegen muss, damit ein Direktzug lohnend genutzt werden kann. Für die Distributionslogistik kommt ein Schienen-Direktverkehr also meist nicht in Frage, aber bei z. B. der Zwischenwerkslogistik kann dieser durchaus vorteilhaft sein.[54]

Damit konkrete Emissionswerte der Bahn berechnet und vergleichbar gemacht werden können, muss eine Berücksichtigung der indirekten CO_2-Emissionen aus der Vorkette erfolgen, um damit eine Vergleichbarkeit zwischen Diesel- und Elektrotraktion zu schaffen. Elektroan-

---

[52] vgl. Lohre, D. (2004): Umweltmanagement und Qualifizierung in Speditionen - Rahmenbedingungen, Anforderungen und Instrumentenentwicklung zur Selbstqualifizierung von Umweltmanagementbeauftragten, S. 44 f.
[53] vgl. Lohre, D. (2004): Umweltmanagement und Qualifizierung in Speditionen - Rahmenbedingungen, Anforderungen und Instrumentenentwicklung zur Selbstqualifizierung von Umweltmanagementbeauftragten, S. 43.
[54] vgl. Kraus, S. (1997): Distributionslogistik im Spannungsfeld zwischen Ökologie und Ökonomie, S. 15.

triebe verursachen keine direkten CO_2-Emissionen, generell kann aber davon ausgegangen werden, dass sie insgesamt weniger emittieren als Diesellokomotiven. Die tatsächliche Ersparnis ist jedoch vom länderspezifischen Bahnstrommix abhängig. Nachfolgend wird von einem CO_2-Faktor von 0,592 g CO_2/Wattstunde (Wh) für Elektroantriebe und für Dieselantriebe von 3,772 g CO_2/g Diesel ausgegangen.[55]

Tabelle 2: CO_2-Emissionsfaktoren des Schienengütertransports

Mittlerer Zug (1.000 t, 500 m)	CO_2-Emissionsfaktor [g CO_2/tkm] (inkl. Vorkette)					
	Flachland		Hügelig		Bergig	
	Elektro	Diesel	Elektro	Diesel	Elektro	Diesel
Massengüter	16,87	24,52	21,08	30,55	25,28	36,59
Durchschnittsgüter	20,25	29,04	25,28	36,59	30,31	43,76
Volumengüter	25,28	36,59	31,61	45,64	37,89	54,69

Quelle: Eigene Berechnungen auf Grundlage von: Lortz, A. et al. (2010): CO_2-Bilanzierung zur Gestaltung klimafreundlicher Transportketten bei BASF, in: Elbert, R. (Hrsg.): Dimensionen der Logistik, S. 225f.

Neben der Antriebsart der Züge müssen außerdem noch weitere Faktoren wie die Güterzugart, die Topografie und die Art der transportierten Güter in die Berechnungen mit einbezogen werden. In der Tabelle oben wird von dem durchschnittlichen Güterzug ausgegangen, der einem Gewicht von 1000 t auf einer Länge von 500 m entspricht. Bezüglich der Topografie wird in Flachland, hügelig und bergig unterschieden und die Einteilung nach Art der transportierten Güter wird

---

[55] vgl. Lortz, A. et al. (2010): CO_2-Bilanzierung zur Gestaltung klimafreundlicher Transportketten bei BASF, in: Elbert, R. (Hrsg.): Dimensionen der Logistik, S. 225 f.

dem Straßengüterverkehr entsprechend in Massen-, Durchschnitts- und Volumengütern vorgenommen.[56]

Es ist zu sehen, dass, wie auch beim Straßengüterverkehr, die Emissionen pro Tonnenkilometer beim Transport der Massengüter am geringsten sind, bei den Durchschnittsgütern ansteigen und bei den Volumengütern am höchsten sind. Des Weiteren erhöht sich die Menge des emittierten CO_2, wenn die Bahn größere Höhenunterschiede überwinden muss.

3.1.3. Binnenschiff

Das Binnenschiff wird in Deutschland überwiegend für den Gütertransport genutzt.[57] Es steht in starker Konkurrenz zu der Bahn, da beide Transportmittel ähnliche Eigenschaften aufweisen. Genau wie der Schienengüterverkehr ist auch die Binnenschifffahrt optimal für den Transport von Massengütern geeignet, da sie hohe Ladekapazitäten zu niedrigen Kosten anbieten können.[58] Dabei ist der Vorteil der Binnenschifffahrt, dass sie bezüglich der Maße der Transportgüter weitestgehend keiner Begrenzung unterliegt. Allerdings wird auch beim Schiff ein hohes Transportaufkommen vonnöten sein, um es wirtschaftlich nutzen zu können.[59]

Das Transportnetz ist allerdings noch grobmaschiger als das der Bahn: Die schiffbaren Wasserstraßen betragen gerade einmal 7.467 km.[60] Dies führt folglich dazu, dass sich die Binnenschifffahrt noch ungeeigneter

---

[56] vgl. Lortz, A. et al. (2010): CO_2-Bilanzierung zur Gestaltung klimafreundlicher Transportketten bei BASF, in: Elbert, R. (Hrsg.): Dimensionen der Logistik, S. 226.
[57] vgl. Lohre, D. (2004): Umweltmanagement und Qualifizierung in Speditionen - Rahmenbedingungen, Anforderungen und Instrumentenentwicklung zur Selbstqualifizierung von Umweltmanagementbeauftragten, S. 46.
[58] vgl. Kraus, S. (1997): Distributionslogistik im Spannungsfeld zwischen Ökologie und Ökonomie, S. 16.
[59] vgl. Stölzle, W./Fagagnini, H. (2010): Güterverkehr kompakt, S. 26 f.
[60] vgl. Statista GmbH (2008): Länge der Wasserstraßen in ausgewählten Ländern in Kilometern (Top 20).

für den Flächenverkehr zeigt als die Bahn. Darüber hinaus liegt die Anzahl der Unternehmen, die einen eigenen Zugang zum Wasserstraßennetz haben, noch weit unter der mit eigenem Gleisanschluss.[61] Daraus folgt, dass Direktverkehre noch seltener genutzt werden können, was wiederum aufwendige Planung und weniger Flexibilität verursacht. Ferner können Transporte per Binnenschiff nicht kurzfristig geplant werden. Allein für die Bereitstellung des Schiffraums bedarf es langer Vorlaufzeiten.[62]

Die Transportgeschwindigkeit des Binnenschiffs ist noch geringer als die der Bahn, es wird eine maximale Geschwindigkeit von 20km/h erreicht. Für zeitkritische Transporte ist es also eindeutig nicht geeignet. Bei der Beförderung von Massengütern ist die Schnelligkeit aber nur selten von großer Bedeutung, dort zählen eher Faktoren wie die Massenleistungsfähigkeit und die Frachtkosten.[63] Die Binnenschifffahrt wird meist im kombinierten Verkehr, der in Abschnitt 3.2 näher beschrieben wird, genutzt.

Die Berechnung der CO_2-Emissionsfaktoren ist auch bei der Binnenschifffahrt von zahlreichen Einflussfaktoren abhängig. Die Ausstöße unterscheiden sich u. a. nach Größe und Länge des Schiffes, den Strömungsverhältnissen und der Breite sowie der Tiefe der Wasserstraße. Dies führt dazu, dass die Datenbasis der CO_2-Berechnungen dünner wird und die unten dargestellten Werte spezieller ausgewiesen werden müssen, z. B. wird zwischen einer Berg- und einer Talfahrt auf dem Rhein und einer Kanalfahrt in Frankreich unterschieden. Um zu einer

---

[61] vgl. Kraus, S. (1997): Distributionslogistik im Spannungsfeld zwischen Ökologie und Ökonomie, S. 16.

[62] vgl. Lohre, D. (2004): Umweltmanagement und Qualifizierung in Speditionen - Rahmenbedingungen, Anforderungen und Instrumentenentwicklung zur Selbstqualifizierung von Umweltmanagementbeauftragten, S. 48.

[63] vgl. Lohre, D. (2004): Umweltmanagement und Qualifizierung in Speditionen - Rahmenbedingungen, Anforderungen und Instrumentenentwicklung zur Selbstqualifizierung von Umweltmanagementbeauftragten, S. 47.

groben Vergleichbarkeit der hier beschriebenen Transportmittel zu gelangen, genügen die Daten aber durchaus.

Tabelle 3: **CO_2-Emissionsfaktoren des Binnenschiffstransports**

Schiffstyp	CO_2-Emissionsfaktor [g CO_2/tkm] (inkl. Vorkette)		
	Bergfahrt (Rhein)	Talfahrt (Rhein)	Kanalfahrt (Frankreich)
Jowi-Klasse[64]	20	10	-
Großmotorschiff[65]	28	15	17
Europaschiff[66]	63	31	45

Quelle: Lortz, A. et al. (2010): CO_2-Bilanzierung zur Gestaltung klimafreundlicher Transportketten bei BASF, in: Elbert, R. (Hrsg.): Dimensionen der Logistik, S. 228.

---

[64] Jowi-Klasse: Containerschiff mit den Maßen 135 m x 16,50 m, Beförderung von 470 TEU (Quelle: Vgl. Nuhn, H.; Hesse, M., 2006, S. 104.) TEU = Twenty foot equivalent unit (Standardcontainer). Vgl. Nuhn, H./Hesse, M. (2006): Verkehrsgeographie, S. 341.

[65] Großmotorschiff: Maße 110 m x 11,4 m, Beförderung von 192 TEU. Vgl. Aberle, G. (2003): Transportwirtschaft, S. 553.

[66] Europaschiff: Maße 80 m x 9,5 m, Beförderung von 104 TEU. Vgl. Aberle, G. (2003): Transportwirtschaft, S. 553.

Die Daten sind in die drei Schiffstypen Jowi-Klasse, Großmotorschiff und Europaschiff unterteilt. Jedes Schiff zeichnet sich durch verschiedene Größen und Ladungsmöglichkeiten aus. Die Jowi-Klasse, das Schiff mit der höchsten Lademöglichkeit, ist zu groß für eine Fahrt auf einem Kanal, hat allerdings den geringsten CO_2-Emissionsfaktor bei der Berg- und Talfahrt auf dem Rhein. Das Großmotorschiff emittiert im Vergleich zur Jowi-Klasse mehr CO_2, aber weniger als das Europaschiff. Dieses hat mit 63 g/tkm den höchsten CO_2-Ausstoß. Des Weiteren fällt auf, dass bei einer Kanalfahrt mehr CO_2 ausgestoßen wird als bei einer Talfahrt, aber weniger als auf einer Bergfahrt.

3.1.4. Zusammenfassender Vergleich

In dem folgenden Diagramm sind die bisher thematisierten CO_2-Emissionsfaktoren der Verkehrsträger Straße, Schiene und Wasser zusammengefasst. Bei der Betrachtung des Schienenverkehrs muss berücksichtigt werden, dass die Emissionen der Bahn jeweils einen Mittelwert aus dem CO_2-Emissionsfaktor des Verkehrs mit Diesel- und Elektrotraktion darstellen.

Abbildung 2: CO_2-Emissionsfaktoren [g CO_2/tkm] im Vergleich

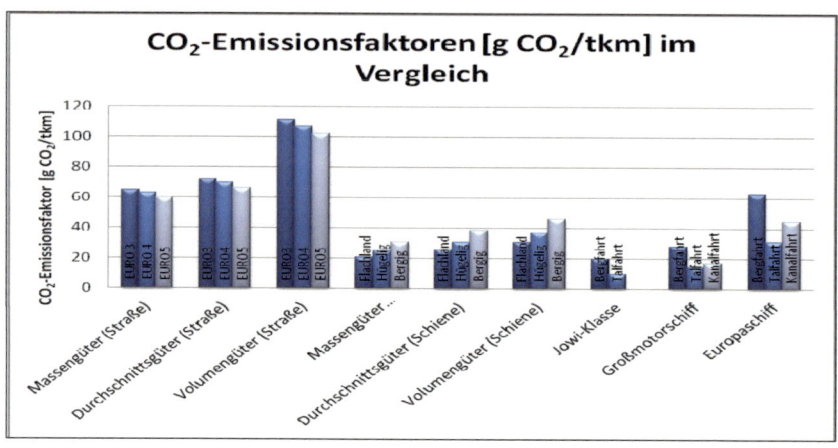

Quelle: Eigene Darstellung auf Grundlage von: Lortz, A. et al. (2010): CO_2-Bilanzierung zur Gestaltung klimafreundlicher Transportketten bei BASF, in: Elbert, R. (Hrsg.): Dimensionen der Logistik, S. 225ff.

Im direkten Vergleich zeichnet sich deutlich ab, dass der CO_2-Ausstoß des Straßenverkehrs den des Verkehrs auf Schiene und Wasser deutlich übersteigt. Problematisch ist dies insbesondere, da der Straßenverkehr auch den größten Anteil des Modal Split für sich einnimmt.[67] Dieser Sachverhalt wird im Abschnitt 3.3 näher betrachtet.

Im Vergleich zwischen Bahn und Schiff wird deutlich, dass die Bahn im Durchschnitt höhere CO_2-Emissionen verursacht, aber im Hinblick auf den Emissionsfaktor im Einzelnen auf das zu transportierende Gut, die Eigenschaften der Strecke und den Schiffstyp geachtet werden muss. Beispielsweise verursacht eine Bergfahrt mit dem Europaschiff höhere Emissionen als ein Transport über bergige Landschaft per Schiene.

Schlussendlich ergibt sich das Fazit, dass die Bahn und das Schiff die umweltfreundlichsten Transportmittel sind und bei klimafreundlichen

---

[67] vgl. Stiegeler, J. (2007): Entwicklung des Güterverkehrs - Analysen und Handlungsalternativen unter ökologischen Aspekten, S. 83.

Transporten, bei denen Wert auf einen geringen CO_2-Ausstoß gelegt wird, eingesetzt werden sollten. Dies ist allerdings, insbesondere aus Gründen der geringeren Netzdichte der Wasserwege und des Schienennetzes und der geringeren Geschwindigkeit der Bahn und des Schiffs, nicht immer möglich.

3.2. Multimodaler Verkehr

Jedes Transportmittel weist, wie im letzten Abschnitt umfassend erläutert, verschiedene Vor- und Nachteile auf und ist somit für verschiedene Anwendungsgebiete geeignet. Der multimodale bzw. gebrochene Verkehr bezeichnet den Transport von Gütern mit mindestens zwei Transportmitteln.[68] Durch den Einsatz mehrerer Transportmittel können die Kosten- und Qualitätsvorteile der einzelnen Profile miteinander verknüpft und so eine Optimierung der Transportkette erreicht werden. Durch den kombinierten Einsatz der Verkehrsträger Schiene und Straße kann z. B. die Massenleistungsfähigkeit und die Umweltfreundlichkeit der Bahn mit der Flexibilität des LKWs verbunden werden.[69]

Dieses Kapitel beschäftigt sich nur mit einem Teilgebiet des multimodalen Verkehrs, dem intermodalen bzw. kombinierten Verkehr. Der intermodale Verkehr bezeichnet zwar ebenfalls den Transport mit mindestens zwei Transportmitteln, aber im Gegensatz zum multimodalen Verkehr werden nicht die transportierten Güter selbst, sondern komplette Ladeeinheiten umgeschlagen. Diese Ladeeinheit kann entweder ein genormtes Ladegefäß, wie z. B. ein Container oder ein ganzes Kraftfahrzeug sein.[70]

---

[68] vgl. Bukold, S. (1996): Kombinierter Verkehr Schiene/Straße in Europa, S. 21.
[69] vgl. Trost, D. G. (1999): Vernetzung im Güterverkehr, S. 96.
[70] vgl. Bukold, S. (1996): Kombinierter Verkehr Schiene/Straße in Europa, S. 21 f.

Das stärkste Einsatzgebiet des kombinierten Verkehrs ist der Transport von großen Gütermengen über große Distanzen. Vorteilhaft ist dieser jedoch nur, wenn der Großteil der Transportstrecke, also der Hauptlauf, von der Bahn oder dem Schiff durchgeführt und der Vor- und Nachlauf, die meist durch den LKW erfolgen, so gering wie möglich gehalten wird.[71] Im Vor- und Nachlauf des kombinierten Verkehrs ist eine hohe Flexibilität und Netzdichte wichtig, um alle Quellen und Senken erreichen zu können, der Einsatz des LKW ist hier also kaum zu vermeiden. Der Hauptlauf ist die Strecke mit der längsten Distanz, auf der die Ware gebündelt wird. Hier eignen sich also besonders die Bahn und das Schiff wegen ihrer Massenleistungsfähigkeit und der Kostenvorteile. Außerdem, im Hinblick auf die Nachhaltigkeit, gilt dies natürlich wegen ihrer Umweltfreundlichkeit.

Weitere Vorteile bestehen in der geringeren Schadenshäufigkeit. Bruch während des Umschlages oder Unfälle während der Fahrt sind bei Bahn und Schiff nur selten. Des Weiteren kommt es bei der Nutzung von Schiene und Wasser im Hauptlauf nicht zu Staus und Verzögerungen durch ein hohes Verkehrsaufkommen. Diese sind hingegen im Straßenverkehr nicht zu vermeiden und führen zu längeren Transportzeiten sowie einem höheren CO_2-Ausstoß.[72]

Die Schwachpunkte des kombinierten Verkehrs sind die Schnittstellen der Transportmittel. Der Umschlag der Güter beansprucht die meiste Zeit und die höchsten Kosten.[73] Um diese Schwachstelle auszugleichen, müssen standardisierte Schnittstellen zwischen den Verkehrssystemen für standardisierte Ladeeinheiten und Verkehrsmittel geschaffen werden. Hier sind Innovationen im technischen sowie im

---

[71] Vgl. Stiegeler, J. (2007): Entwicklung des Güterverkehrs - Analysen und Handlungsalternativen unter ökologischen Aspekten, S. 123.
[72] vgl. Hoepke, E. (1997): Der LKW im europäischen Straßengüter- und kombinierten Verkehr, S. 185 f.
[73] vgl. Stiegeler, J. (2007): Entwicklung des Güterverkehrs - Analysen und Handlungsalternativen unter ökologischen Aspekten, S. 123 f.

organisatorischen Bereich vonnöten. Außerdem müssen die Zeit- und Kostennachteile des Umschlags durch entsprechende Vorteile im Hauptlauf kompensiert werden. Grundsätzlich kann also gesagt werden, dass kombinierte Verkehre umso vorteilhafter sind, desto größer die zurückgelegte Entfernung im Hauptlauf ist.[74]

Forschungen bezüglich der konkreten Streckenlänge des Transports, ab welcher der Einsatz des kombinierten Verkehrs lohnenswert ist (Break-Even-Point), führen zu keinen eindeutigen Ergebnissen, da bei jeder Relation andere Kosten, wie z. B. Kraftstoffverbrauch, anzusetzen und andere Aspekte, z. B. die Auslastung, zu berücksichtigen sind. Grundsätzlich kann dennoch festgestellt werden, dass eine Strecke von 300 km das Minimum für einen lohnenden intermodalen Verkehr darstellt. Bei einer geringeren Transportdistanz übersteigen die Kosten der Umschlagsvorgänge und Terminalverkehre die Kostenvorteile, die durch den Hauptlauf entstehen.[75]

In Abbildung 4 sind diese Ergebnisse noch einmal zusammengefasst. Es ist zu sehen, dass der Transport auf der Schiene bei zunehmender Transportdistanz weniger Kosten verursacht als der Transport auf der Straße. Der Vor- und der Nachlauf (1 und 3) wird mit dem LKW erbracht, der Verlauf der Kostenkurve des Vorlaufes entspricht also dem der Straße. Der erste Sprung der Kostenkurve des kombinierten Verkehrs zeigt die Kosten, die durch den Umschlag der Güter auf die Bahn anfallen, also an der Schnittstelle zwischen Vor- und Hauptlauf. Diese Umschlagskosten, die die Kurve des kombinierten Verkehrs kurzzeitig über die von Straße und Schiene katapultiert, werden durch die geringeren Kosten der Bahn im Hauptlauf (2) kompensiert. Die

---

[74] vgl. Lohre, D. (2004): Umweltmanagement und Qualifizierung in Speditionen - Rahmenbedingungen, Anforderungen und Instrumentenentwicklung zur Selbstqualifizierung von Umweltmanagementbeauftragten, S. 50 f.
[75] vgl. Hoepke, E. (1997): Der LKW im europäischen Straßengüter- und kombinierten Verkehr, S. 186.

Kostenkurve des kombinierten Verkehrs sinkt unter die des Straßengüterverkehrs und steigt erst wieder an der Schnittstelle zwischen Haupt- und Nachlauf, also beim nächsten Umschlagspunkt. In dem hier dargestellten Verlauf steigen die Kosten des kombinierten Verkehrs wieder genau auf die Höhe der Kosten der Straße, es wird also der Break-Even-Point dargestellt. Weiterhin ist zu sehen, dass die Kosten des Transports per Schiene über den ganzen Verlauf hinweg die niedrigsten sind. Solch ein niedriges Kostenniveau kann aufgrund der Umschläge und der Vor- und Nachläufe auch durch den kombinierten Verkehr nicht erreicht werden. Die Mehrkosten müssen zugunsten der höheren Flexibilität akzeptiert werden.

Abbildung 3: Kostenstruktur des kombinierten Verkehrs (Straße/Schiene)

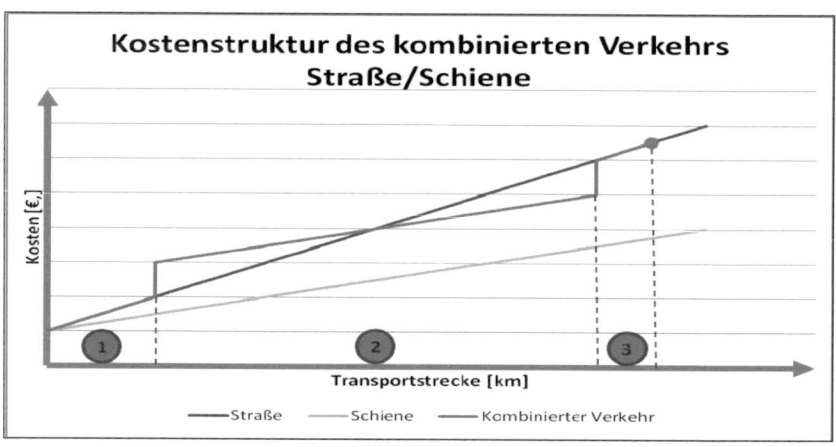

Quelle: Eigene Darstellung in Anlehnung an: Bretzke, W.-R./Barkawi, K. (2010): Nachhaltige Logistik, S. 115.

Es kann allerdings nicht grundsätzlich davon ausgegangen werden, dass die Umweltfreundlichkeit des kombinierten Verkehrs größer ist als die eines eingliedrigen Transports. Im Rahmen einer Studie des Instituts für Energie- und Umweltforschung (Ifeu) und der Studiengesellschaft für kombinierten Verkehr wurden die CO_2-Emissionen vom kombinierten im Vergleich zum direkten Verkehr auf neunzehn verschiedenen Strecken gemessen. Im Ergebnis konnte der CO_2-Ausstoß auf siebzehn dieser Strecken durch den Einsatz des kombinierten Verkehrs reduziert werden, auf zwei der Strecken stiegen die CO_2-Emissionen.

Eine der Strecken, auf welcher der CO_2-Ausstoß anstieg, war die Strecke Lovosice – Dresden. Hier lag der Grund der höheren Emissionen im Stromerzeugermix von Tschechien.[76] Grundsätzlich kann festgestellt werden, dass der CO_2-Vorteil des kombinierten Verkehrs sich umso größer darstellt, je höher der Anteil der Kernenergie am Stromerzeugermix auf der Schienenstrecke ist. So übersteigt der CO_2-Ausstoß auf dem tschechischen Bahnnetz den Ausstoß auf dem französischen Netz um das zwölffache.[77] Die Frage, ob der Bahnverkehr in Frankreich also trotz einer Energieerzeugung mit besonders hohen Risiken und schwer kalkulierbaren Folgekosten als umweltfreundlich bezeichnet werden kann, soll hier nicht diskutiert werden.[78]

Obwohl bei siebzehn der betrachteten Transporte eine Verbesserung des CO_2-Ausstoßes erreicht werden konnte, in sechs Fällen sogar um mehr als 50 Prozent, zieht die Studie das Fazit, dass es im Normalfall ökologisch sinnvoll ist, bei Gütermengen, die keinen ganzen Zug bzw. kein ganzes Schiff füllen, auf den kombinierten Verkehr zu verzichten und stattdessen den Transport per LKW zu wählen. Begründet wird diese Schlussfolgerung darin, dass für diese Studie die perfekten Rahmenbedingungen geschaffen wurden, die im logistischen Alltag nur selten zu finden sind. Diese Rahmenbedingungen bestehen im Wesent-

---

76 vgl. IFEU/SGKV (2002): Vergleichende Analyse von Energieverbrauch und CO2-Emissionen im Straßengüterverkehr und kombinierten Verkehr Straße/Schiene, S. 4.
77 In Frankreich sind 20 Kernkraftwerke am Netz, in Tschechien nur sechs.
78 vgl. IFEU/SGKV (2002): Vergleichende Analyse von Energieverbrauch und CO2-Emissionen im Straßengüterverkehr und kombinierten Verkehr Straße/Schiene, S. 9.

lichen in einem günstig gelegenem Vor- und Nachlauf, einer hohen Kapazitätsauslastung und einer Mindestlänge der Züge.[79]

Trotzdessen wird der Umfang der möglichen Gütermenge, deren Transport vom einfachen zum kombinierten Verkehr umgewandelt werden könnte, auf 90 Mio. t geschätzt. Im Jahr 2000 wurden davon jedoch nur 32 Mio. t verwirklicht.[80] Daran wird deutlich, dass den Unternehmen momentan noch die Anreize fehlen, Geld und Zeit in eine Umwandlung ihrer Transporte in einen kombinierten Verkehr zu investieren. Hierin wird der Grund dafür gesehen, dass sich der kombinierte Verkehr noch nicht durchsetzen konnte.[81]

In Zukunft wird die Motivation der Unternehmen, am kombinierten Verkehr teilzunehmen, jedoch wachsen. Durch den steigenden Ölpreis und die geplante Anlastung externer Kosten[82] wird der LKW-Transport teurer. Außerdem wird das aktuell prognostizierte höhere Verkehrsaufkommen die Geschwindigkeit des Straßengüterverkehrs und gleichzeitig die Berechenbarkeit verringern.[83] So sinken die Opportunitätskosten der Nutzung der Bahn und des Schiffs. Ferner wird künftig die Bedeutung von Ökobilanzen, die durch die im kombinierten Verkehr eingesetzten Transportmittel verbessert werden können, der Unternehmen steigen. So gewinnen die Transportmittel Bahn und

---

[79] vgl. IFEU/SGKV (2002): Vergleichende Analyse von Energieverbrauch und CO_2-Emissionen im Straßengüterverkehr und kombinierten Verkehr Straße/Schiene, S. 12.
[80] vgl. Lohre, D. (2004): Umweltmanagement und Qualifizierung in Speditionen - Rahmenbedingungen, Anforderungen und Instrumentenentwicklung zur Selbstqualifizierung von Umweltmanagementbeauftragten, S. 49.
[81] vgl. Stiegeler, J. (2007): Entwicklung des Güterverkehrs - Analysen und Handlungsalternativen unter ökologischen Aspekten, S. 124.
[82] siehe Abschnitt 4.2.
[83] vgl. Bretzke, W.-R. (2009): Nachhaltige Logistiksysteme – Anpassungsbedarfe in einer Welt steigender Energiekosten, überlasteter Verkehrswege und rigide bekämpfter Schadstoffemissionen, in: Inderfurth, K./Schenk, M./Wäscher, G./Zadek, H./Ziems, D. (Hrsg.): Sustainable Logistics, S. 83.

Schiff zunehmend an Attraktivität und das Interesse am kombinierten Verkehr könnte einen Aufschwung erleben.[84]

3.3. Entwicklung und Ursachen des Modal Split

3.3.1. Entwicklung des Modal Split

Der Modal Split beschreibt das „Verhältnis der Anteile der Verkehrsträger an einer verkehrlichen Kenngröße".[85] Als verkehrliche Größe wurde in dieser Arbeit die Verkehrsleistung gewählt, also das Produkt des Verkehrsaufkommens und der Transportweite in Tonnenkilometer (tkm).[86]

Die Verkehrsleistung ist im Verlauf von 1991 bis 2008, wie in folgender Abbildung zu sehen ist, von knapp 400 Mrd. tkm auf über 600 Mrd. tkm angestiegen. Die Verhältnisse der Anteile der verschiedenen Verkehrsträger an der gesamten Verkehrsleistung haben sich nicht bedeutend verändert. Der Straßengüterverkehr ist kontinuierlich angestiegen und übersteigt die Binnenschifffahrt und den Schienengüterverkehr im Durchschnitt um das Doppelte. Der Flugverkehr beansprucht nur einen sehr geringen, in der Abbildung nicht sichtbaren, Teil der Verkehrsleistung und ist, wie schon erwähnt, deswegen nicht für die weiteren Ausführungen von Belang.

---

[84] vgl. Bretzke, W.-R./Barkawi, K. (2010): Nachhaltige Logistik, S. 110.
[85] ProgTrans AG Basel (2007): Abschätzung der langfristigen Entwicklung des Güterverkehrs in Deutschland bis 2050, Schlussbericht, S. 137.
[86] vgl. ProgTrans AG Basel (2007): Abschätzung der langfristigen Entwicklung des Güterverkehrs in Deutschland bis 2050, Schlussbericht, S. 137.

Abbildung 4: Verkehrsleistung in Deutschland 1991-2008 (in Mrd. tkm)

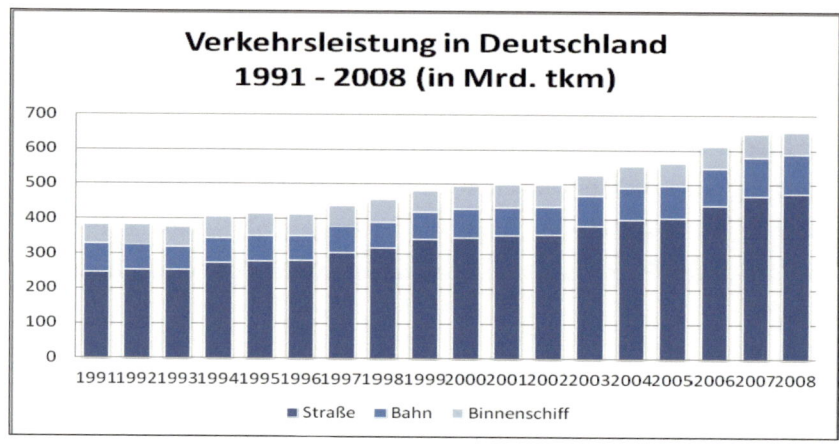

Quelle: Eigene Darstellung in Anlehnung an: Umweltbundesamt (2009): Klimaänderungen – Klimaschutz im Verkehrssektor, abgerufen unter: http://www.umweltbundesamt-daten-zur-umwelt.de/umweltdaten/public/theme.do?nodeIdent=5617, 23.01.2011;
zit. nach Bundesministerium für Verkehr, Bau und Stadtentwicklung (Hrsg.): Verkehr in Zahlen 2009/2010.

Zukünftig wird die steigende Tendenz der Verkehrsleistung in Deutschland fortgesetzt. Die ProgTrans AG prognostiziert in ihrem Schlussbericht von 2007, dass sich die Verkehrsleistung bis 2050 verdoppelt und somit auf ca. 1.200 Mrd. tkm steigt.[87] Das Verkehrsaufkommen[88] erhöht sich bis 2050 auf 5,5 Mrd. Tonnen, das entspricht einer Steigerung um 50 v. H. des Aufkommens von 2007.

Daher ist davon auszugehen, dass wegen des größeren Verkehrsaufkommens sämtliche Verkehrsträger einen Zuwachs verzeichnen wer-

---

[87] vgl. ProgTrans AG Basel (2007): Abschätzung der langfristigen Entwicklung des Güterverkehrs in Deutschland bis 2050, Schlussbericht, S. 1.
[88] Verkehrsaufkommen: Kenngröße zur transportierten Menge im Güterverkehr in Tonnen. vgl. ProgTrans AG Basel (2007): Abschätzung der langfristigen Entwicklung des Güterverkehrs in Deutschland bis 2050, Schlussbericht, S. 137.

den. Da ein entsprechendes Wachstum der Verkehrswege aus ökonomischen und ökologischen Gründen ausgeschlossen ist, droht eine Verstopfung der Verkehrswege (Verkehrsinfarkt).[89] Um logistisch dennoch funktionsfähig zu bleiben, müssen die Kapazitäten aller Verkehrsträger voll ausgenutzt werden. Dies kann z. B. bei der Bahn durch eine höhere Auslastung auf bestehendem Netz und im Straßengüterverkehr durch den Einsatz der sogenannten Gigaliner[90] geschehen.[91]

Wie in Abbildung 5 zu sehen ist, halten die prognostizierten Veränderungen des Modal Split keine großen Überraschungen bereit.

---

[89] vgl. Lehrstuhl für Fördertechnik Materialfluss Logistik der TU München/Markt und Wirtschaft – Gesellschaft für Marktforschung und Unternehmensberatung/trilogIQa/Logistik heute (2009): Change to Green, S. 97 f.
[90] siehe Abschnitt 5.3.4.
[91] vgl. Bretzke, W.-R. (2009): Nachhaltige Logistiksysteme – Anpassungsbedarfe in einer Welt steigender Energiekosten, überlasteter Verkehrswege und rigide bekämpfter Schadstoffemissionen, in: Inderfurth, K./Schenk, M./Wäscher, G./Zadek, H./Ziems, D. (Hrsg.): Sustainable Logistics, S. 83.

Abbildung 5: Prognose der Verkehrsleistung in Mrd. tkm

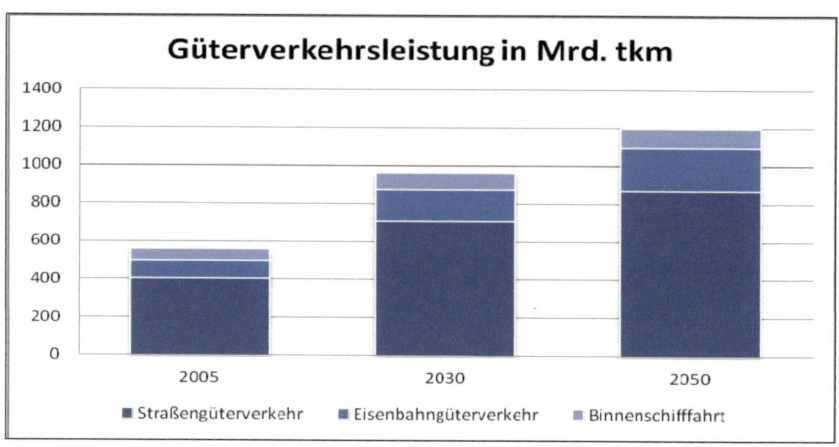

Quelle: ProgTrans AG Basel (2007): Abschätzung der langfristigen Entwicklung des Güterverkehrs in Deutschland bis 2050, Schlussbericht, abgerufen unter: http://www.bmvbs.de/cae/servlet/content blob/30886/ publicationFile/455/gueterverkehrs-prognose-2050.pdf, 13.01.2011, S. 4.

Der Straßengüterverkehr legt aufgrund steigender Bedeutung von Fernverkehren bis 2030 2,5 Prozentpunkte zu, baut allerdings bis 2050 wegen Rückgängen der Binnenverkehrstonnage um knapp einen halben Prozentpunkt wieder ab. Der Schienengüterverkehr hingegen profitiert von der Entwicklung der nächsten Jahre und wird knapp höhere Wachstumsraten als der Verkehr auf der Straße aufweisen können. Der Verlierer der prognostizierten Entwicklung ist die Binnenschifffahrt. Absolut steigt ihre Güterverkehrsleistung zwar leicht an, prozentual verliert sie aber knapp drei Punkte.[92]

3.3.2. Ursachen der Veränderung des Modal Split

Die Entwicklung des Modal Split ist auf mehrere Ursachen zurückzuführen. Durch die Globalisierung ist es für Unternehmen einfacher geworden, Wertschöpfung weltweit an andere Dienstleister und Zulie-

---

[92] vgl. ProgTrans AG Basel (2007): Abschätzung der langfristigen Entwicklung des Güterverkehrs in Deutschland bis 2050, Schlussbericht, S. 2.

ferer auszulagern (Outsourcing) und somit ihre Fertigungstiefe zu reduzieren. Durch diese internationale Arbeitsteilung steigen die Transportentfernungen, die innerbetrieblichen Warenflüsse und somit auch das Verkehrsaufkommen sowie die Verkehrsleistung. Diese beiden Kenngrößen steigen somit überproportional zum Produktionswachstum. Dieser Vorgang wird als *Gütermengeneffekt* bezeichnet und beschreibt die Entwicklung des Nachfrageumfangs.[93]

Die Veränderungen der Gattungen der Güter bzw. die quantitative Verschiebungen der Gütergruppen werden durch den *Güterstruktureffekt* beschrieben.[94] Die Ursache dieses Effekts liegt u.a. in der Verschiebung der Produktions- und Beschäftigungsschwerpunkte vom primären zum sekundären und tertiären Sektor, also vom Schwerpunkt der Rohstoffgewinnung zur Rohstoffverarbeitung und Dienstleistung.[95] Durch diese Verschiebung nimmt die Nachfrage nach Massengütern, z. B. nach Kohle, ab und die nach hochwertigeren Konsum- und Investitionsgütern (insbesondere chemische Erzeugnisse, Fahrzeuge, Halb- und Fertigwaren) zu.[96] Diese Zunahme wird außerdem durch veränderte Beschaffungsstrategien, wie dem Modular Sourcing, verstärkt. Bei dieser Strategie werden Produkte modularisiert und die fertigen Module eingekauft.[97] So wird die Montage komplexer lohnkostenintensiver Baugruppen auf die Lieferanten abgewälzt und der Wert der zu transportierenden Güter steigt.[98]

Aus diesen Entwicklungen ergeben sich Änderungen für den Verkehr. Die Transporte von Massengütern, also die Transporte, für welche die

---

[93] vgl. Gleißner, H./Femerling, J. C. (2008): Logistik, S. 41.
[94] vgl. Stiegeler, J. (2007): Entwicklung des Güterverkehrs - Analysen und Handlungsalternativen unter ökologischen Aspekten, S. 30.
[95] vgl. Burr, W./Stephan, M. (2006): Dienstleistungsmanagement, S. 35.
[96] vgl. Stiegeler, J. (2007): Entwicklung des Güterverkehrs - Analysen und Handlungsalternativen unter ökologischen Aspekten, S. 33.
[97] vgl. Gleißner, H./Femerling, J. C. (2008): Logistik, S. 41.
[98] vgl. Arnolds, H. et al. (2010): Materialwirtschaft und Einkauf, S. 203.

Bahn und das Schiff prädestiniert sind, nehmen ab. Durch die erhöhte Nachfrage nach hochwertigen Konsum- und Investitionsgütern steigen auch die Ansprüche an Schnelligkeit und Flexibilität und die Relevanz der Transportkosten sinkt. Diese Transporte werden also vorzugsweise über die Straße abgewickelt.[99] Folglich kann festgestellt werden, dass der Güterstruktureffekt die ökologisch unvorteilhafte Verlagerung von Bahn und Schiff auf die Straße begünstigt und so u.a. den hohen Anteil des Straßenverkehrs am Modal Split begründet. Nachhaltig vorteilhaft könnte sich das Modular sourcing zeigen, wenn es mit einem Single sourcing, also einer Einlieferantenversorgung, einhergeht. Da die Beschaffung von mehreren einzelnen Rohstoffen durch die Beschaffung von Modulen wegfällt, könnte die Anzahl der Lieferanten reduziert werden. Die somit nicht zu Stande kommenden Transporte verbessern die CO_2-Bilanz. Der Lieferant der Module hingegen kann seine Transporte besser auslasten und bei Erfüllung der Voraussetzungen auch ein umweltfreundlicheres Transportmittel, wie die Bahn, zur Belieferung einsetzen.[100]

Durch moderne Logistikkonzepte, wie z. B. die produktionssynchrone Beschaffung (Just in time) und Methoden zur Reduzierung der Lagerbestände (z. B. Vendor Managed Inventory), folgen Logistikunternehmen den Forderungen ihrer Kunden.[101] Diese wollen die Kapitalbindung senken und gleichzeitig die qualitative Leistung erhöhen.[102] Dadurch steigen die Anforderungen an die Qualität und die Geschwindigkeit der Transportleistungen sowie an die Termintreue und die Flexibilität. Diese Ansprüche können lediglich durch den Straßengüterverkehr erfüllt werden und stellen so die Bahn und das Schiff erneut in

---

[99] vgl. Stiegeler, J. (2007): Entwicklung des Güterverkehrs - Analysen und Handlungsalternativen unter ökologischen Aspekten, S. 33 f.
[100] vgl. Trost, D. G. (1999): Vernetzung im Güterverkehr, S. 119 f.
[101] vgl. Gleißner, H./Femerling, J. C. (2008): Logistik, S. 41.
[102] vgl. Stiegeler, J. (2007): Entwicklung des Güterverkehrs - Analysen und Handlungsalternativen unter ökologischen Aspekten, S. 34.

den Schatten. Durch die benötigte schnellere Taktung und höhere Flexibilität der Transporte fehlen Bündelungsmöglichkeiten und folglich können nicht voll ausgelastete Lieferfahrten kaum vermieden werden.[103] Nicht mehr die Tourenplanung entscheidet wann und wie geliefert wird, sondern die aktuelle Nachfrage.[104] Dies hat wiederum eine erhöhte Verkehrsleistung durch eine gestiegene Transportnachfrage zur Folge. Diese Entwicklungen werden als *Logistikeffekt* bezeichnet. Letztlich begründet dieser erneut die ökologisch nachteilige Entwicklung des Modal Split: Eine Steigerung der Verkehrsleistung und eine hohe Affinität zum Straßenverkehr.[105]

Eine weitere Möglichkeit, die Kapitalbindung zu reduzieren, besteht in der Zentralisierung der Lagerhaltung. Um dennoch die Ansprüche der Kunden nach schnellen, flexiblen Lieferungen zu erfüllen, wird so oft wie gewünscht geliefert. Allerdings werden die Transportentfernungen länger und die Verkehrsleistung steigt.[106] Folglich erhöhen sich die Transportkosten und die negativen ökologischen Auswirkungen, in Form eines erhöhten CO_2-Ausstoßes, steigen. Da für externe Kosten (noch) kein finanzieller Ausgleich geschaffen wurde und die Kosteneinsparungen durch die Zentralisierung die Mehrkosten im Transport überschreiten, ergibt sich für das liefernde Unternehmen eine positive (finanzielle) Bilanz.[107]

---

[103] vgl. Gleißner, H./Femerling, J. C. (2008): Logistik, S. 41.
[104] vgl. Glaser, J. (1993): Distributionslogistik und Stadtentwicklung - Ergebnisse der Fallstudie „Warendistribution im Einzelhandel der Hamburger City", in: Läpple, D. (Hrsg.): Güterverkehr, Logistik und Umwelt, S. 164.
[105] vgl. Stiegeler, J. (2007): Entwicklung des Güterverkehrs - Analysen und Handlungsalternativen unter ökologischen Aspekten, S. 37.
[106] vgl. Stiegeler, J. (2007): Entwicklung des Güterverkehrs - Analysen und Handlungsalternativen unter ökologischen Aspekten, S. 40.
[107] vgl. Dyckhoff, H./Souren, R. (2008): Nachhaltige Unternehmensführung. Grundzüge industriellen Umweltmanagements, S. 208.

4. Anreize zur Emissionseinsparung

4.1. Motive

Nachdem im vorherigen Abschnitt die eher ökologisch nachteilige Entwicklung des Modal Split erläutert wurde, beschreibt dieses Kapitel Motive, warum sich Unternehmen in Zukunft mit dem Thema Nachhaltigkeit auseinandersetzen und diese Problematik in ihre Prozessgestaltung mit einbeziehen sollten. Die folgenden Treiber werden allen transportierenden Unternehmen in den nächsten Jahren erhebliche Anpassungsbedarfe aufzeigen:

1) Steigende Treibstoffpreise

Eine drastische Steigerung der Energiekosten wird Unternehmen zwingen, darüber nachzudenken, wie Treibstoff eingespart werden kann. Insbesondere im Bereich der endlich verfügbaren Energieträger, also z. B. Öl, wird die Erhöhung signifikant ausfallen.[108] Zwar geschehen die Einsparungsüberlegungen der Unternehmen dann aus ökonomischen und nicht ökologischen Gründen, aber geringere Kosten werden durch einen geringeren Treibstoffverbrauch erreicht und dies hat auf jeden Fall einen niedrigeren CO_2-Ausstoß zur Folge.

2) Verkehrsinfarkt

Wie bereits im vorherigen Kapitel erläutert, ist bis 2050 mit einem immensen Anstieg der Verkehrsleistung zu rechnen, somit wird die Infrastruktur zu einem Engpass. Durch das erhöhte Verkehrsaufkommen kommt es vermehrt zu Staus und Verspätungen, durch die ein unnötig hoher CO_2-Ausstoß und hohe Kosten entstehen. Durch Verzögerungen im Straßengüterverkehr wird ein Teufelskreis herauf beschworen (siehe Abb. 6): Um durch Unpünktlichkeit im Transportablauf keine Zeitfenster und Lademöglichkeiten zu verpassen, werden noch mehr LKW

---

[108] vgl. Bretzke, W.-R./Barkawi, K. (2010): Nachhaltige Logistik, S. 27.

eingesetzt, die wiederum das Straßennetz an seine Kapazitätsgrenzen führen. Es entsteht also eine Eigendynamik, die den schon vorhandenen Engpass zusätzlich verstärkt.[109]

Abbildung 6: Eigendynamik der Engpassverstärkung[110]

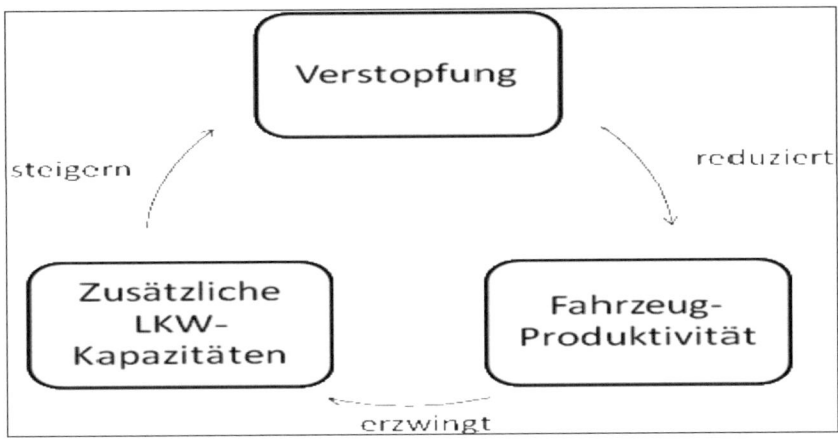

Quelle: Eigene Darstellung in Anlehnung an: Bretzke, W.-R./Barkawi, K. (2010): Nachhaltige Logistik, S. 37.

Bretzke und Barkawi verdeutlichen diesen Teufelskreis anhand eines Zahlenbeispiels: Müssen aufgrund des Engpasses Infrastruktur z. B. 30% mehr Fahrzeuge eingesetzt werden, um das gleiche Leistungsniveau zu erreichen, sinkt die Auslastung von (angenommenen) 75% auf 57%. Um die zusätzlich notwendigen Fahrzeuge finanzieren zu können, müssen die Transportpreise im Umfang der Kapazitätserweiterung, also um 30%, angehoben werden und die CO_2-Emissionen steigen erheblich.

Durch diesen Engpass in der Infrastruktur werden entscheidende Vorteile des Straßengüterverkehrs eliminiert: Die Flexibilität, die Schnel-

---

[109] vgl. Bretzke, W.-R./Barkawi, K. (2010): Nachhaltige Logistik, S. 33 ff.
[110] In Anlehnung an Bretzke, W.-R./Barkawi, K. (2010): Nachhaltige Logistik, S. 37.

ligkeit und die Berechenbarkeit.[111] Um dies zu verhindern, müssen die Unternehmen entweder auf andere Transportmittel ausweichen, die vermutlich eine längere Transportzeit in Anspruch nehmen, aber dafür zuverlässig und berechenbar sind, oder Strategien zur Verminderung des Verkehrsaufkommens und Technologien zur verbesserten Tourenplanung einsetzen.[112]

3) Abnehmende Toleranz

Der dritte Beweggrund für Unternehmen, sich um Emissionseinsparungen zu bemühen, ergibt sich zum einen aus der abnehmenden Toleranz der Bevölkerung für Umweltbelastungen. Jeder Bürger verursacht durch privaten Konsum und Ernährung[113] ca. 40% der klimarelevanten Emissionen[114] und zeigt vermehrt das Bestreben, auch etwas zum Klimaschutz beizutragen. Die Absicht des „klimafreundlichen Konsums" wird künftig durch die Einführung des CO_2-Fußabdrucks bzw. den Product Carbon Footprint unterstützt. Dieser gibt an, wie viel Treibhausgas-Emissionen durch ein Produkt entlang des gesamten Lebenszyklus verursacht werden und ermöglicht so dem Konsumenten, seine Produkte auch nach ökologischen Aspekten auszuwählen.[115]

Zum anderen werden Emissionseinsparungen durch die abnehmende Toleranz der Politik erforderlich, die selbst Emissionen einsparen muss, um z. B. die im Kyoto-Protokoll vereinbarten Ziele einzuhalten. Sie wird sich deswegen zunehmend der Internalisierung externer Kosten und der Begrenzung von Schadstoffemissionen widmen.[116] Mit dieser Thematik befasst sich der folgende Abschnitt detaillierter.

---

[111] vgl. Bretzke, W.-R./Barkawi, K. (2010): Nachhaltige Logistik, S. 37f.
[112] siehe Abschnitt 5.2. und 5.3.
[113] Emissionen des Strom-, Wärmeverbrauchs und der Mobilität ausgeschlossen.
[114] vgl. Umweltbundesamt (2009): Umweltfreundliche öffentliche Beschaffung, S. 3.
[115] vgl. PCF Pilotprojekt Deutschland (2009): Ergebnisbericht: Product Carbon Footprinting, S. 8.
[116] vgl. Bretzke, W.-R./Barkawi, K. (2010): Nachhaltige Logistik, S. 40.

4.2. Externe Effekte

Wirtschaftlich handelnde Unternehmen wägen vor jeder Tätigkeit, die sie durchführen, Kosten und Nutzen ab und werden nur handeln, wenn der Nutzen die Kosten übersteigt. Die Nutzung von Kraftfahrzeugen ist allerdings nicht nur mit Kosten verbunden, die ein Unternehmen mit Preisen für Kraftstoff, Verschleiß, Steuern, Versicherung etc. bezahlen muss, sondern auch mit externen Effekten.[117] Externe Effekte werden grundsätzlich als „unkompensierte Auswirkungen ökonomischen Handelns auf die Wohlfahrt eines unbeteiligten Dritten"[118] definiert. Im Falle des Straßenverkehrs bestehen die externen Effekte insbesondere in negativen Auswirkungen auf die Umwelt und die Gesundheit, wie z. B. in der Luftverschmutzung, der Lärmbelastung, der Klimaeffekte und dem Flächenverbrauch. Da die hier behandelten Auswirkungen negativ sind, handelt es sich um externe Kosten (im Gegensatz zu externem Nutzen). Diese externen Kosten werden von den Individuen in der Wirtschaft nicht in ihre Entscheidungen mit einbezogen, da sie keinen Preis für diese bezahlen müssen. Die Auswirkungen betreffen im Endeffekt allerdings alle Marktteilnehmer beispielsweise in Form des Klimawandels. Um diese externen Kosten in die Entscheidungen von Unternehmen einfließen zu lassen und somit die negativen Auswirkungen auf Umwelt und Gesundheit zu beschränken, muss die Politik diese externen Effekte internalisieren.[119] Dies geschieht z. B. durch die neue Wegekostenrichtlinie bzw. Euro-Vignettenrichtlinie (Maut). Die ursprüngliche Richtlinie von 1999 schreibt fest, dass sich die Höhe der Maut an den tatsächlichen Wege-

---

[117] vgl. Michaelis, P. (2007): Kosteninternalisierung im Straßenverkehr – Eine umweltökonomische Begründung, in: Rodi, M. (Hrsg.): Fairer Preis für Mobilität, S. 6.
[118] Mankiw, N. G. (2004): Grundzüge der Volkswirtschaftslehre, S. 221.
[119] vgl. Michaelis, P. (2007): Kosteninternalisierung im Straßenverkehr – Eine umweltökonomische Begründung, in: Rodi, M. (Hrsg.): Fairer Preis für Mobilität, S. 6 f.

kosten, also den Kosten für den Bau, die Unterhaltung und die Verbesserung der Straßeninfrastruktur, orientieren muss.[120] In der neuen Wegekostenrichtlinie von 2006 sind neben diesen tatsächlichen Wegekosten auch externe Kosten berücksichtigt, durch z. B. die Förderung schadstoffarmer LKW durch Variationen der Mautsätze in Abhängigkeit von der Schadstoffklasse und die Verkehrslenkung durch Variationen der Mautsätze in Abhängigkeit von der Staueigung der befahrenen Strecke.[121]

Die Politik wird in Zukunft die Internalisierung externer Effekte unter anderem durch die Maut weiter vorantreiben und so Unternehmen einen Anlass geben, ökologische Aspekte, wenn auch indirekt, in ihre Entscheidungen mit einfließen zu lassen.

---

[120] vgl. Schulz, G. (2007): LKW-Maut in Deutschland – Bilanz und Ausblick, in: Rodi, M. (Hrsg.): Fairer Preis für Mobilität, S. 83.
[121] vgl. Schmidt, S. (2007): Straßenbenutzungsgebühren als Element der europäischen Verkehrspolitik, in: Rodi, M. (Hrsg.): Fairer Preis für Mobilität, S. 71.

5. Nachhaltigkeit in der Transportlogistik

5.1. Transportlogistik

Um die nachhaltige Logistik zu fördern, muss die komplette Supply Chain betrachtet werden. Ansatzpunkte gibt es sowohl in der Beschaffung als auch in der Produktion, dem Transport und der Entsorgung. Da diese Arbeit die Reduzierung von Emissionen im Güterverkehr behandelt, wird im Folgenden der Fokus auf die Transportlogistik gelegt. Hier besteht unbedingt Handlungsbedarf: 18% der in Deutschland emittierten CO_2-Gase sind auf den Verkehr zurückzuführen, einen höheren Anteil hat nur noch die Energiewirtschaft (siehe Abbildung 7).[122]

Abbildung 7: CO_2-Emissionen nach Quellkategorien in % im Jahr 2007

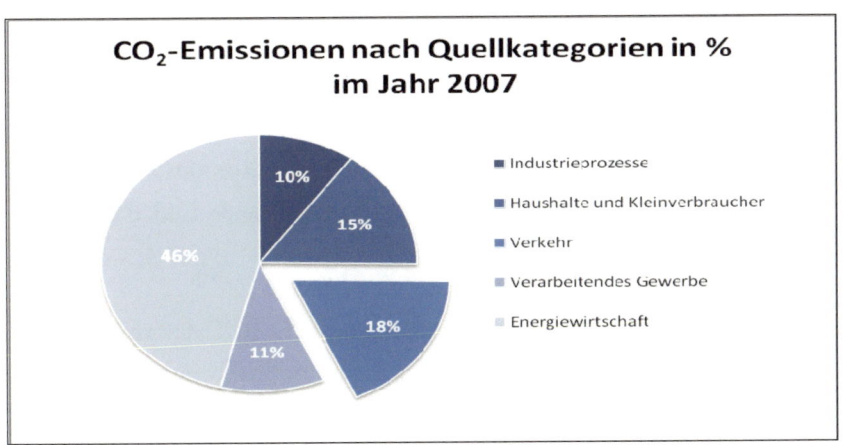

Quelle: Eigene Darstellung in Anlehnung an: Umweltbundesamt (2009): Klimaänderungen: Treibhauseffekt – Eine globale Herausforderung, abgerufen unter: http://www.umweltbundesamt-daten-zur-umwelt.de/umweltdaten/public/theme .do?nodeIdent=2842, 25.01.2011.

---

[122] vgl. Umweltbundesamt (2009): Klimaänderungen - Treibhauseffekt – Eine globale Herausforderung.

Der Begriff Transportlogistik umfasst alle Arbeits- und Informationsweisen, die für einen Transportvorgang notwendig sind. Dabei wirken administrative Arbeiten (z. B. Fahrzeugverwaltung) mit dispositiven und operativen Aufgaben (z. B. Transportstrategien und Transporttechnik sowie Datenübertragungstechnik) zusammen. Das Ziel der Transportlogistik ist es, Transporte bezüglich Beladung, Entladung, Auslastung, Übergabe und Identifizierung zu optimieren.[123]

5.2. Strategien zur umweltfreundlichen Transportgestaltung

Um Strategien zur Verbesserung der Nachhaltigkeit festzulegen, werden im Folgenden grundlegende Verkehrskennzahlen erläutert und in Zusammenhang gebracht.

- Das Transport- bzw. Verkehrsaufkommen (TA) in Tonnen (t).
- Die mittlere Transportweite bzw. die Fahrleistung (MTW) in Kilometern (km).
- Die Anzahl der Transportvorgänge (ATV).
- Die Transportmittelauslastung (TMA), die hier stark vereinfacht aus dem Quotienten des Transportaufkommens und der Anzahl der Transportvorgänge gebildet wird ($TMA = \frac{TA}{ATV}$).
- Die Transport- bzw. Verkehrsleistung (TL) in Tonnenkilometern (tkm), die aus dem Produkt des Transportaufkommens und der mittleren Transportweite gebildet wird:

$$TL = MTW \cdot TA$$

Für die folgenden Überlegungen erscheint es sinnvoll, diese Formel um die Transportmittelauslastung zu ergänzen, sodass sich die folgende erweiterte Formel für die Transportleistung ergibt:

$$TL = MTW \cdot \frac{TA}{ATV} \cdot ATV$$

---

[123] vgl. Martin, H. (2009): Transport- und Lagerlogistik, S. 96.

Strategien zur Emissionsreduzierung des Transports können nun konkret von dieser Formel abgeleitet werden. Durch die Verminderung der Transportleistung werden die Umweltbelastungen des Güterverkehrs reduziert, denn sie beinhaltet entweder eine Verringerung der durchschnittlich zurückgelegten Transportwege oder eine Reduzierung der Anzahl der Transportvorgänge. Beide Aspekte beinhalten weniger gefahrene Kilometer und somit weniger Energieverbrauch und CO_2-Ausstoß. Da angenommen wird, dass das Transportaufkommen, also die transportierte Gütermenge, konstant bleibt bzw. sich des Einflusses des Logistikmanagements entzieht, kann die Anzahl der Transportvorgänge nur über die Effizienz, wie z. B. über die Auslastung des Transports, beeinflusst werden.[124] Dies ist auch im Sinne der Umwelt, denn der Ausstoß der schädlichen Emissionen schwankt bei verschiedenen Auslastungen nur unwesentlich. Ein überflüssig gewordener Transport hingegen hat großen Einfluss auf die CO_2-Bilanz.[125]

Konkret lassen sich also aus der erweiterten Formel der Transportleistung zwei Strategien ableiten:

1. Reduzierung der durchschnittlich zurückgelegten Transportwege.
2. Steigerung der Transporteffizienz.

Wie allerdings schon in Kapitel 3.1 beschrieben wurde, unterscheiden sich die verschiedenen Transportmittel bezüglich ihrer Umweltschädlichkeit. Somit kann noch eine dritte Strategie zur Verfolgung nachhaltiger Logistikziele formuliert werden:

3. Verlagerung des Transports auf umweltfreundliche Transportmittel.

---

[124] vgl. Dyckhoff, H. (2000): Umweltmanagement, S. 154f.
[125] vgl. Stabauer, M. (2009): Logistische Kennzahlensysteme - Unter besonderer Berücksichtigung von Nachhaltigkeit, S. 67.

Möglichkeiten und Grenzen dieser Strategie wurden größtenteils bereits beschrieben. Im Folgenden werden Methoden und Möglichkeiten näher erläutert, deren Anwendungen der Verfolgung der formulierten Strategien dienen und somit zur nachhaltigen Gestaltung von Netzwerken beitragen.[126]

5.3. Nachhaltige Netzwerke durch strukturelle Anpassungen

Die Handlungsmöglichkeiten, die in diesem Abschnitt diskutiert werden, verfolgen die Zielsetzung, den CO_2-Ausstoß in der Logistik eines Unternehmens zu reduzieren und verfolgen somit eine oder mehrere der zuvor erarbeiteten Strategien. Des Weiteren werden Umsetzungsbeispiele aus der Praxis genannt.

5.3.1. Optimierung der Tourenplanung

Die Optimierung der Tourenplanung verfolgt gleichzeitig zwei Strategien: Die Steigerung der Transporteffizienz und die Reduzierung der durchschnittlich zurückgelegten Wege. Auf diesem Gebiet wird die Logistik meist von der IT unterstützt. Solche Tourenplanungssysteme helfen den Disponenten dabei zu entscheiden, welche Kunden auf welcher Tour beliefert (Clustering) und in welcher Reihenfolge die Lieferungen auf welcher konkreten Fahrstrecke angefahren (Routing) werden sollen. Systeme, die aktuelle Informationen wie Auftrags- oder Verkehrsinformationen (z. B. Stornierung oder Staus) in ihrer Tourenplanung berücksichtigen, sind bisher kaum realisiert, bergen aber große Optimierungspotenziale.[127]

Telematiksysteme stellen eine solche Informations- und Kommunikationstechnologie dar. Sie werden als eine Kombination aus Telekommunikation, Automatisierung und Informatik in Systemen und Pro-

---

[126] vgl. Dyckhoff, H. (2000): Umweltmanagement, S. 154 f.
[127] vgl. Stölzle, W./Fagagnini, H. (2010): Güterverkehr kompakt, S. 156.

dukten im Transportumfeld verstanden.[128] Sie besitzen eine Vielzahl von Funktionen: Ortung, Sammlung und Verarbeitung von Fahrzeugdaten, Navigation und Daten- und Sprechkommunikation. So können relevante Informationen in der Disposition und im Fuhrparkmanagement gesammelt und direkt an die Fahrzeuge auf der Straße übersendet werden. Wird z. B. eine Lieferung storniert, kann diese Information sofort in die Tourenplanung eingearbeitet werden und es wird eine andere, durch die aktuelle Information sinnvollere, Route empfohlen, die vermutlich kürzer, kraftstoffsparender und klimafreundlicher ist. Auch bei der Meldung eines Staus kann reagiert und eine neue Route berechnet werden, um die verstopfte Straße zu umfahren. Dies verursacht zwar vermutlich eine längere Transportstrecke und somit einen höheren CO_2-Ausstoß, verhindert allerdings das Stehen auf der Straße, was ebenfalls Zeit und Geld kostet sowie unnötige Umweltbelastungen verursacht.[129] Solche Systeme sollen jedoch nicht nur dazu dienen, vorhandene Straßeninfrastruktur besser auszunutzen, sondern möglichst auch den kombinierten Verkehr unterstützen, also alternative Transportmittel für eine Tour vorschlagen. Diese Funktion ist noch nicht vollständig ausgereift. Das Interesse daran wird in den nächsten Jahren voraussichtlich ebenso steigen, wie das gesamte Interesse an umweltfreundlichen Transporten.[130]

Die Funktion der Ortung, Sammlung und Verarbeitung von Fahrzeugdaten ist insbesondere für längere Auslandstouren interessant. Das Logistikunternehmen bekommt automatisch einen ausführlichen Bericht über die aktuelle Tour und weiß, wo sich der LKW momentan be-

---

[128] vgl. Lehrstuhl für Fördertechnik Materialfluss Logistik der TU München/Markt und Wirtschaft – Gesellschaft für Marktforschung und Unternehmensberatung/trilogIQa/Logistik heute (2009): Change to Green, S. 53.
[129] vgl. Stölzle, W./Fagagnini, H. (2010): Güterverkehr kompakt, S. 237.
[130] vgl. Lehrstuhl für Fördertechnik Materialfluss Logistik der TU München/Markt und Wirtschaft – Gesellschaft für Marktforschung und Unternehmensberatung/trilogIQa/Logistik heute (2009): Change to Green, S. 53.

findet. Dies ist speziell für die Zeitplanung vorteilhaft: Eventuelle Verspätungen beim Kunden können schon einige Zeit im Voraus angekündigt und abgesprochen werden. Unter Umständen können so nicht genutzte Zeitfenster freigegeben und neue vereinbart werden. Dies mindert die Verärgerung des Kunden und verhindert unnötige Standzeiten.[131]

Des Weiteren können von den Systemen Daten ausgewertet werden, die den Fahrstil des Fahrers charakterisieren, z. B. Geschwindigkeiten, Art der Bremsung und Informationen über Schaltzeitpunkte. Aus diesen Daten können für ein Logistikunternehmen und deren Fahrer wertvolle Tipps für kraftstoffsparendes und umweltfreundliches Fahren abgeleitet werden.[132]

Beispiel:

Oft können Effizienzvorteile, die auf den ersten Blick marginal wirken, große Einsparvorteile ergeben. So optimierte der große Paketdienst UPS seine Routen in den USA dahingehend, dass die Fahrten möglichst viele Rechtskurven enthalten. Da für Rechtsabbieger in den USA meist keine Haltepflicht besteht, kann somit Zeit, Treibstoff und folglich Geld sowie CO_2 eingespart werden. Laut UPS kamen 2006 auf eine Linksabbiegung vier Rechtsabbiegungen. Durch diese konsequente Durchsetzung der Optimierung konnten rund 746.500 Kilometer, 193.000 Liter Treibstoff und somit 506 Tonnen CO_2 eingespart werden.[133]

Durch eine verbesserte Tourenplanung kann außerdem der Anteil an Leerfahrten reduziert werden, deren Anteil im Jahr 2009 immerhin

---

[131] vgl. Hoepke, E. (1997): Der LKW im europäischen Straßengüter- und kombinierten Verkehr, S. 244.
[132] vgl. Stölzle, W./Fagagnini, H. (2010): Güterverkehr kompakt, S. 237.
[133] vgl. Jarvik, E.: UPS says turning right saves time, money, in: Deseret News, vom 16.07.2006.

20% (5,8 Mrd. km) der Fahrleistung deutscher LKW betrug.[134] Diese vergeudeten Kapazitäten stellen eine große Verschwendung und eine unnötige Umweltbelastung dar. Der LKW emittiert CO_2, nimmt die knappe Infrastruktur in Anspruch, aber erbringt keine Leistung.[135] Also müssen diese Leerfahrten durch Tourenoptimierungen, bessere Koordination von Rückfahrten und Ausnutzung zusätzlicher Rücklademöglichkeiten vermieden werden. Unterstützt werden diese Bemühungen von Laderaum- und Transportbörsen.[136]

Im Rahmen einer elektronischen Transportbörse können Frachtangebote in eine Datenbank eingegeben werden. Dabei kann es sich um ein freiwilliges Angebot für einen Transport handeln aber auch um einen Laderaumausgleich. Somit können solche Börsen im Internet zur überbetrieblichen Koordination des Fahrzeugeinsatzes, insbesondere zur Reduzierung von Leerfahrten, genutzt werden.[137]

Um das Einsparungspotenzial zu verdeutlichen, das durch solche Transportbörsen realisiert werden kann, wird im Folgenden eine Optimierung von Leerfahrten anhand eines linearen Zuordnungsproblems durchgeführt.

Beispiel:

An einer international tätigen Transportbörse, die Rückladungen im Fernverkehr vermittelt, können Unternehmen ihre zu transportierenden Ladungen mit Abgangs- und Zielort sowie den gewünschten Abhol- und Zielzeiten anmelden. Andere Unternehmen, die eine Leerfahrt vermeiden wollen, haben nun die Möglichkeit, eine dieser Ladungen als Rückladung ihres eigenen Transports aufzunehmen. Dafür

---

[134] vgl. Bundesamt für Güterverkehr (2009): Marktbeobachtung Güterverkehr, Jahresbericht 2009, S. 16.
[135] vgl. Bretzke, W.-R./Barkawi, K. (2010): Nachhaltige Logistik, S. 181.
[136] vgl. Stiegeler, J. (2007): Entwicklung des Güterverkehrs – Analysen und Handlungsalternativen unter ökologischen Aspekten, S. 97.
[137] vgl. Trost, D. G. (1999): Vernetzung im Güterverkehr, S. 248f.

übermitteln sie der Transportbörse ihren Standort, den gewünschten Zielort und den Zeitpunkt, zu dem sie die Fahrt mit der Rückladung antreten wollen.[138] Dennoch ist es eher selten, dass Leerkilometer komplett vermieden werden können (siehe Abb. 8).

Abbildung 8: Leerfahrten bei Rückladung

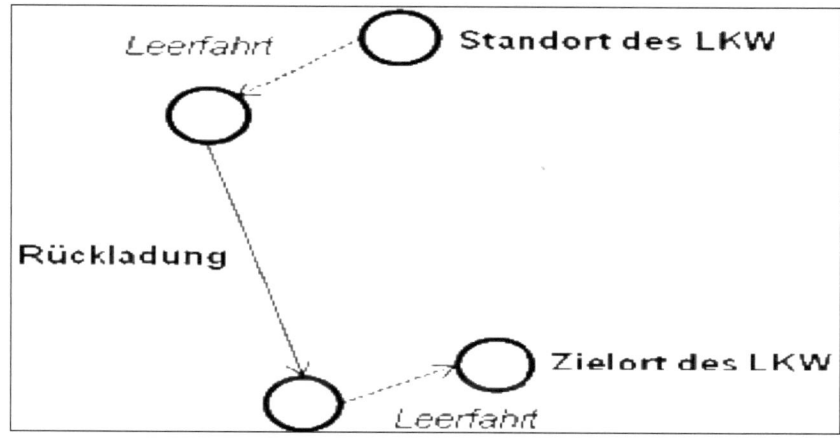

Quelle: Feige, D./Klaus, P. (2008): Modellbasierte Entscheidungsunterstützung in der Logistik, S. 253.

Die Wahrscheinlichkeit, dass in der Realität der Start- und Endpunkt der Rückladung mit dem Stand- und Zielort des LKW übereinstimmt, ist sehr gering. Die anfallenden Leerkilometer können in eine Zuordnungsmatrix eingetragen werden (siehe Tabelle 4). Für unzulässige Zuordnungen wird symbolisch das Zeichen „M" eingetragen. Das Ziel der Zuordnung der Rückladungen zu den Fahrzeugen ist es, die Leerkilometer zu minimieren.[139]

---

[138] vgl. Feige, D./Klaus, P. (2008): Modellbasierte Entscheidungsunterstützung in der Logistik, S. 253.

[139] vgl. Feige, D./Klaus, P. (2008): Modellbasierte Entscheidungsunterstützung in der Logistik, S. 253.

Tabelle 4: Zuordnungsmatrix für Rückladungen

| | | Rückladungen |||||||||| An- |
		B1	B2	B3	B4	B5	B6	B7	B8	B9	B10	gebot
Fahrzeuge	A1	130	240	M	M	130	70	90	20	M	420	1
	A2	440	30	M	100	320	M	280	340	10	320	1
	A3	370	60	440	20	220	90	0	330	280	190	1
	A4	90	130	270	260	200	320	410	90	350	340	1
	A5	M	490	90	210	110	160	M	M	M	280	1
	A6	70	460	230	140	240	80	280	350	10	220	1
	A7	130	20	440	90	210	470	440	40	300	260	1
	A8	160	320	120	480	85	10	M	M	M	130	1
	A9	200	M	0	480	M	90	320	150	100	M	1
	A10	90	30	40	290	180	50	290	240	190	60	1
Bedarf		1	1	1	1	1	1	1	1	1	1	

Quelle: Feige, D./Klaus, P. (2008): Modellbasierte Entscheidungsunterstützung in der Logistik, S. 254.

Um nun die optimale Zuordnung zu bestimmen, kann das Simplexverfahren oder ein anderer bekannter Transportalgorithmus angewandt werden. Im Anhang wird die Lösung anhand von Excel durch den Solver demonstriert. In Tabelle 5 ist die optimale Lösung des Zuordnungsproblems zu sehen: Es sind 420 Leerkilometer notwendig, die erforderlichen Leerfahrtendistanzen bewegen sich zwischen 0 und 110 Kilometern.[140]

---

[140] vgl. Feige, D./Klaus, P. (2008): Modellbasierte Entscheidungsunterstützung in der Logistik, S. 254.

Tabelle 5: Optimale Rückladungszuordnung

		Rückladungen									
		B1	B2	B3	B4	B5	B6	B7	B8	B9	B10
Fahrzeuge	A1	130	240	M	M	130	70	90	20	M	420
	A2	440	30	M	100	320	M	280	340	10	320
	A3	370	60	440	20	220	90	0	330	280	190
	A4	90	130	270	260	200	320	410	90	350	340
	A5	M	490	90	210	110	160	M	M	M	280
	A6	70	460	230	140	240	80	280	350	10	220
	A7	130	20	440	90	210	470	440	40	300	260
	A8	160	320	120	480	85	10	M	M	M	130
	A9	200	M	0	480	M	90	320	150	100	M
	A10	90	30	40	290	180	50	290	240	190	60

Quelle: Feige, D./Klaus, P. (2008): Modellbasierte Entscheidungsunterstützung in der Logistik, S. 254.

Schlussendlich können so drei große Vorteile der Tourenplanung und der Telematik abgeleitet werden: Infrastruktur und Verkehrsmittel werden effizienter genutzt, Umweltbelastungen reduziert und alle Beteiligten profitieren von Nutzenvorteilen.[141]

Weitere Faktoren, die auch u.a. die Tourenplanung und die Umweltschädlichkeit von Transporten beeinflussen, sind die Konsolidierung, die Stufigkeit der Lieferkette und die Lagerstruktur. Diese Punkte werden im Folgenden erläutert.

5.3.2. Konsolidierung

Im Rahmen der Logistik beschreibt der Begriff Konsolidierung das Zusammenfassen von Warenströmen.[142] Diesbezüglich können drei Möglichkeiten zur Anpassung von Transportnetzen unterschieden werden, die in Abb. 9 zu sehen sind.

---

[141] vgl. Trost, D. G. (1999): Vernetzung im Güterverkehr, S. 47.
[142] vgl. Bichler, K./Krohn, R./Philippi, P. (2005): Gabler Kompakt-Lexikon, Logistik, S. 98.

Abbildung 9: Möglichkeiten zur Konsolidierung

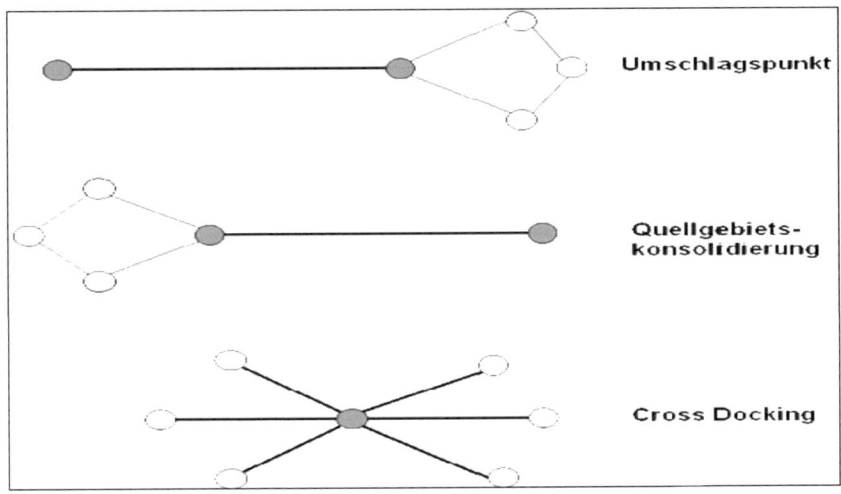

Quelle: Bretzke, W.-R./Barkawi, K. (2010): Nachhaltige Logistik, S. 124.

Beim Umschlagspunkt-Modell und der Quellgebietskonsolidierung, dessen gespiegelte Variante, wird der Großteil einer Strecke als Direktverkehr gefahren.[143] Beim ersten Modell wird von einem Lieferanten Ware, die für verschiedene Kunden bestimmt ist, an einen Umschlagspunkt angeliefert. Dieser Umschlagspunkt stellt kein Lager dar, sondern besitzt ausschließlich eine Sammel-, Umschlags- und Verteilfunktion. Von dort aus wird dann die Verteilung der Ware mit einem anderen Ladungsträger an die Kunden durch eine Rundtour vorgenommen.[144]

Bei der Quellgebietskonsolidierung werden Waren für die Belieferung eines Kunden in einem Konsolidierungszentrum gesammelt. Dieses Zentrum hat, wie der Umschlagspunkt auch, keine Lagerfunktion. Die Sammlung der Waren geschieht entweder im Rahmen einer Rundtour (wie in Abb. 9 zu sehen ist) oder durch eine Belieferung von verschie-

---

[143] vgl. Bretzke, W.-R./Barkawi, K. (2010): Nachhaltige Logistik, S. 123.
[144] vgl. Rösler, O. M. (2003): Gestaltung von kooperativen Logistiknetzwerken - Bewertung unter ökonomischen und ökologischen Gesichtspunkten, S. 20.

denen Zulieferern. Die gesammelten Waren werden dann zusammengefasst und geschlossen zum Kunden transportiert.

Beide vorgestellten Modelle haben den großen Vorteil, dass Transporte besser ausgelastet werden können. Beim Umschlagspunkt-Modell kann ein Lieferant sein Transportmittel mit der Ware für mehrere Kunden auslasten. So werden zwei Strategien zur umweltfreundlichen Transportgestaltung verfolgt: Durch die verbesserte Auslastung erhöht er die Transporteffizienz und, da er selbst nicht direkt bis zu den Kunden fahren muss, die Verkürzung des Transportwegs. Da die Verteilung der Ware an die Zielorte nun vom Umschlagspunkt aus geplant wird, kann eine verbesserte Tourenplanung und Fahrzeugwahl vorgenommen werden, was wiederum der Transporteffizienz zu Gute kommt.

Bei der Quellgebietskonsolidierung werden die gleichen Strategien verfolgt. Durch die verbesserte Auslastung und die kürzere Strecke der Transporte vom Konsolidierungszentrum zum Kunden, wird die Transporteffizienz erhöht und die durchschnittliche Transportstrecke verringert.

Voraussetzung für die Vorteilhaftigkeit der Modelle ist, dass der Lieferant viele Kunden zu beliefern hat (Umschlagspunkt-Modell) bzw. ein Kunde Ware von mehreren Lieferanten bezieht (Quellgebietskonsolidierung). Ist dies nicht der Fall, verkürzt die Zusammenfassung der Warenströme die Transportwege nur minimal oder gar nicht und verursacht dabei, durch den zusätzlichen Umschlag der Ware, nur zusätzliche Kosten.[145]

Das letzte Modell, was im Zusammenhang mit der Konsolidierung erklärt werden soll, ist das Cross Docking-Model. In diesem werden an

---

[145] vgl. Lehrstuhl für Fördertechnik Materialfluss Logistik der TU München/Markt und Wirtschaft – Gesellschaft für Marktforschung und Unternehmensberatung/trilogIQa/Logistik heute (2009): Change to Green, S. 47.

einen Umschlagspunkt, der wieder keine Lagerfunktion besitzt, Waren von mehreren Lieferanten angeliefert und an mehrere Kunden ausgeliefert. Das Modell ist so für den Handel besonders gut geeignet, da die Waren von mehreren Lieferanten umgeschlagen und dann filialrein kommissioniert und ausgeliefert werden können. In diesem Zusammenhang kann zwischen dem ein- und dem zweistufigen Cross Docking unterschieden werden. Beim einstufigen Cross Docking wird die Ware vom Lieferanten bereits filialgenau kommissioniert. Am Umschlagspunkt werden dann die filialgenau kommissionierten Waren zu entsprechenden Touren zusammengefasst. Beim zweistufigen Cross Docking wird ausschließlich artikelrein angeliefert und dann im Umschlagspunkt kommissioniert. Der entscheidende Vorteil bei dieser Variante ist die bessere Auslastung der Touren des Lieferanten, die durch die bessere Packdichte erreicht werden kann, und die lieferantenübergreifende Kommissionierung und Lieferung an die Kunden.[146]

Eine weitere Möglichkeit Touren, zu verkürzen und Emissionen zu sparen, stellt die Einführung von getakteten Rahmentourenplänen dar. Hierbei wird, statt eine Lieferung wenige Tage nach Bestellung zu garantieren, mehreren Kunden in einem Gebiet ein fixer Liefertag zugeordnet, damit nicht täglich die gesamte Lieferregion mit weiten Distanzen zwischen den Auslieferstellen abgefahren werden muss (siehe Abb. 10). So sind die Kunden gezwungen, ein niedrigeres Lieferserviceniveau hinzunehmen. Vorteilhaft dabei ist, dass sie wegen der längeren Lieferzeit größere Mengen bestellen, was den Transporten wiederum eine höhere Auslastung beschert.[147]

---

[146] vgl. Sternbeck, M/Kuhn, H. (2010): Differenzierte Logistik durch ein segmentiertes Netzwerk im filialisierten Lebensmitteleinzelhandel, in: Schönberger, R./Elbert, R. (Hrsg.): Dimensionen der Logistik, S. 1019 f.
[147] vgl. Bretzke, W.-R. (2010): Logistik in Zeiten des Klimawandels – Vom Teil des Problems zum Teil der Lösung, in: Bundesvereinigung Logistik (BVL)e.V. (Hrsg.): Strukturwandel in der Logistik, Wissenschaft und Praxis im Dialog, S. 226.

Abbildung 10: Einführung von Rahmentourenplanung

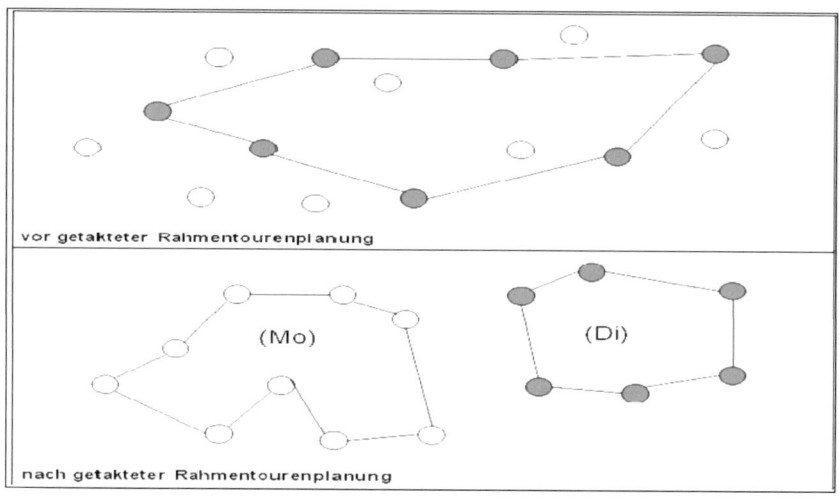

Quelle: Eigene Darstellung in Anlehnung an: Bretzke, W.-R./Barkawi, K. (2010): Nachhaltige Logistik, S. 129.

Die bis hier erläuterten Möglichkeiten zur Konsolidierung beschreiben die Chance, Emissionen in Transportnetzen durch Tourenverdichtung einzusparen. Eine weitere Chance stellt die Sendungsverdichtung dar. Diese zielt auf eine Bündelung von Verkehrsströmen an den Empfänger ab[148], z. B. durch eine Blockung der Programm- und Reihenfolgeplanung in der Produktion. Verdeutlicht werden kann dieses Beispiel an der Automobilindustrie: Werden alle Fahrzeuge, die den gleichen Empfänger bzw. den gleichen Zielort haben, nacheinander produziert, kann eine höhere Auslastung der Transporte erreicht werden, die somit zu weniger Transporten und einer Emissionsminderung führen.[149]

---

[148] vgl. Häusler, H. J./Lange, U./Slotta, G. (1997): Efficient Consumer Response (ECR) – Veränderte Verkehrsströme durch Reengineering der gesamten logistischen Wertschöpfungskette, in: Feser, H.-D./von Hauff, M./Kruse, B. (Hrsg.): Umweltverträgliche Logistik- und Verkehrskonzepte, S. 111.

[149] vgl. Hermes, A. et al. (2009): Integrierte Produktions- und Transportplanung in der Automobilindustrie zur Steigerung der ökologischen Effizienz, in: In-

Die Einrichtung von Güterverkehrszentren und das City Logistik-Konzept stellen Umsetzungsbeispiele dar, in denen diese Möglichkeiten zur Konsolidierung genutzt werden, um ökologische und ökonomische Vorteile zu erlangen. Diesen Konzepten ist der nächste Abschnitt 5.3.3. gewidmet.

5.3.3. Güterverkehrszentren und City Logistik

Ein Güterverkehrszentrum (GVZ) beschreibt einen verkehrsgünstig gelegenen Standort, an dem sich mehrere Speditions-, Verkehrs- und Logistikdienstleister angesiedelt haben, die miteinander kooperieren. Solch ein Standort weist Multimodalität und Multifunktionalität auf, d. h. zum einen treffen mindestens zwei verschiedene Verkehrsträger aufeinander (meist Straße und Schiene) und zum anderen erfüllt das Zentrum mehrere Funktionen: Die Funktionen des oben bereits erläuterten Umschlagspunktes bzw. des Konsolidierungszentrums (sammeln, umschlagen, verteilen) und zusätzlich eine Lagerfunktion. Weitere Kooperationsvorteile zeigen sich durch die Ansiedlung von Unternehmen, wie Werkstätten und Reinigungsfirmen, die transportvor- und -nachgelagerte sowie transportbegleitende Aufgaben erfüllen. Die wesentlichen Erwartungen, die an ein solches Zentrum geknüpft werden, sind die Unterstützung des kombinierten Verkehrs und die Bündelung von Nah- und Fernverkehren. Das GVZ bietet infolgedessen ökonomische und ökologische Vorteile.

Der kombinierte Verkehr wird Unternehmen, denen die Planung eines solchen Verkehrs zuvor zu aufwendig war bzw. die Umsetzung zu kostspielig und nicht lohnenswert erschien, durch die vorhandene Schnittstelle im Güterverkehrszentrum stark erleichtert. Insbesondere mittelständische Unternehmen profitieren von den idealen Voraussetzungen für Kooperationen, da diese z. B. durch die gemeinsame Nut-

---

derfurth, K./Schenk, M./Wäscher, G./Zadek, H./Ziems, D. (Hrsg.): Sustainable Logistics, S. 188.

zung kostenintensiver Umschlagsanlagen die Möglichkeit haben, am kombinierten Verkehr teilzunehmen und so dessen ökologische und ökonomische Vorteile zu nutzen.[150] Beispielsweise erhöhte sich im Bereich des Bremer GVZ der Anteil des Bahnverkehrs von 10,5 % (vor der Einführung) auf 19 % (nach der Einführung).[151]

Die effizientere Gestaltung des Fernverkehrs wird durch die räumliche Nähe der Unternehmen zueinander unterstützt. Durch Kooperationen miteinander kann die Auslastung von Transporten erhöht werden, ohne dass durch eine solche Zusammenarbeit weitere Fahrtwege in Kauf genommen werden müssen.[152]

Die effizientere Gestaltung von Nahverkehren kann durch das City Logistik-Konzept vorgenommen werden. Das Ziel des Konzepts ist eine empfängerorientierte Bündelung der Warenströme in Städten, d. h. durch Kooperationen mehrerer Lieferanten und Speditionen soll der innerstädtische Verkehr eingedämmt werden. Güterverkehrszentren schaffen für diese Bündelung ideale Voraussetzungen, da sie die notwendigen Kooperationen durch räumliche Nähe schaffen und in der Regel in der Nähe von größeren Städten zu finden sind. Die erfolgreiche Umsetzung des City Logistik-Konzepts bewirkt eine bessere Auslastung der Transporte. Dies hat eine geringere Anzahl von Touren und somit eine Reduzierung des Verkehrs und der Emissionsbelastung in Städten zur Folge.[153]

5.3.4. Stufigkeit der Lieferkette

Grundsätzlich muss ein Unternehmen eine Entscheidung bezüglich der Stufigkeit der Lieferkette und der Lagerstruktur treffen. Die Stufig-

---

[150] vgl. Trost, D. G. (1999): Vernetzung im Güterverkehr, S. 209 f.
[151] vgl. Dyckhoff, H. (2000): Umweltmanagement, S. 162.
[152] vgl. Trost, D. G. (1999): Vernetzung im Güterverkehr, S. 210.
[153] vgl. Kraus, S. (1997): Distributionslogistik im Spannungsfeld zwischen Ökologie und Ökonomie, S. 74f.

keit einer Lieferkette wird durch die Anzahl von Zwischenstationen bestimmt, die diese vorzuweisen hat. Dabei können die Zwischenstationen bestandsführende oder bestandslose Umschlagspunkte, Lager oder auch Logistikzentren sein. Hat die Lieferkette gar keine Zwischenstation, fährt also ein LKW direkt vom Unternehmen zum Kunden, ist sie einstufig.[154] Solch eine Struktur ist ökonomisch und ökologisch nur dann zweckmäßig, wenn der Transport auf dieser Verbindung regelmäßig vollständig ausgelastet werden kann, also bei großen und gleichmäßigen Lieferquantitäten.[155] Kann er das nicht, ist eine mehrstufige Lieferkette sinnvoll, bei der die Waren in einer (oder mehreren) Zwischenstation(en) umgeschlagen, gesammelt, kommissioniert und weiterverteilt werden, wie es auch bei den im vorherigen Abschnitt erläuterten Modellen der Fall ist. Die Transporte zur Zwischenstation, aber auch zum Kunden, können so besser ausgelastet werden.[156]

Da auch ein Lager eine Zwischenstation in einer solchen Lieferkette sein kann, unterstützt folglich auch die Lagerstruktur die Verfolgung der Strategien zur umweltfreundlichen Transportgestaltung. Nachdem der Trend in den letzten Jahren zum Zentrallager tendierte, könnte im Zuge des ökologischen Denkens wieder eine entgegengesetzte Bewegung zum Regionallager hin einsetzen.[157] Transporte mit geringer Auslastung über weite Distanzen vom Zentrallager zum Kunden werden so vermieden.[158] Die kürzere Strecke vom Regionallager zum Kunden kann mit besser ausgelasteten LKW gefahren werden. Die Transportef-

---

[154] vgl. Gudehus, T. (2005): Logistik, S. 21.
[155] vgl. Michalak, P. (2009): Ökologische Logistik - Analyse von Wirkungszusammenhängen und Konzeption von ökologischen Wettbewerbs- und Logistikstrategien, S. 82.
[156] vgl. Gudehus, T. (2005): Logistik, S. 21ff.
[157] vgl. Lehrstuhl für Fördertechnik Materialfluss Logistik der TU München/Markt und Wirtschaft – Gesellschaft für Marktforschung und Unternehmensberatung/trilogIQa/Logistik heute (2009): Change to Green, S. 47.
[158] vgl. Dyckhoff, H. (2000): Umweltmanagement, S. 160.

fizienz wird gesteigert, das Transportaufkommen gesenkt und somit der CO_2-Ausstoß gemindert. Außerdem werden durch die geografische Nähe der Lager zum Kunden eine hohe Verfügbarkeit und kurze Lieferzeiten gewährleistet.[159]

5.3.5. Technischer Fortschritt

Der technische Fortschritt stellt einen weiteren entscheidenden Punkt bei der Reduzierung von Emissionen dar. Dieser kann durch innovative Motoren- und Fahrzeugtechnik, die Verwendung moderner Kraftstoffe und Motorenöle sowie emissionsmindernder Technologien die Fahrzeugeffizienz, also die Umweltbelastung pro gefahrenen km, verbessern.[160] Die Hoffnungsträger des Gütertransports sind die alternativen Antriebskonzepte wie z. B. der Hybridantrieb, der Elektromotor und die Brennstoffzelle. Doch auch der Dieselmotor weist nach wie vor noch Verbesserungspotenziale auf.

Die Hybridtechnik kann insbesondere beim Stop-and-Go-Verkehr in Städten mit Kraftstoffeinsparungen bis zu 30% glänzen. Diese relativieren sich im Fernverkehr allerdings deutlich. Somit wäre ein solcher Antrieb zwar für den allgemeinen Güterverkehr nicht geeignet, für die City-Logistik können sich aber durchaus Vorteile ergeben.

Auch der Elektromotor ist nicht unbedingt bedenkenlos einsetzbar. Zwar verursacht er im engeren Sinne keine Abgase, allerdings muss geprüft werden, wie der Strom für den Motor erzeugt wird. Wird die Energie z. B. durch Kraftwerke gewonnen, entstehen die Emissionen nur an einer anderen Stelle und der ökologische Mehrwert ist fraglich. Des Weiteren dämpfen die hohen Investitionskosten, die während der

---

[159] vgl. Lehrstuhl für Fördertechnik Materialfluss Logistik der TU München/Markt und Wirtschaft – Gesellschaft für Marktforschung und Unternehmensberatung/trilogIQa/Logistik heute (2009): Change to Green, S. 47.
[160] vgl. Stiegeler, J. (2007): Entwicklung des Güterverkehrs - Analysen und Handlungsalternativen unter ökologischen Aspekten, S. 133.

Nutzung meist nicht ausgeglichen werden können, die Attraktivität der Elektrofahrzeuge.[161]

Die Brennstoffzelle hat zwar in Zukunft voraussichtlich die größten Chancen, den erprobten Dieselmotor abzulösen, zeigt allerdings noch großen Forschungs- und Weiterentwicklungsbedarf. Die aktuelle Brennstoffzelle arbeitet mit Wasserstoff, der energieaufwendig erzeugt werden muss. Damit sie also eine echte Alternative zum bewährten Dieselmotor darstellt, muss dieser Aufwand reduziert werden.

In der Vergangenheit konnten Innovationen wie die Direkteinspritzung, Common Rail und die Emissionskontrolle die Schadstoffemissionen des Dieselmotors drastisch senken.[162] Diese Verbesserungen wurden allerdings durch die gestiegene Fahrleistung vielfach überkompensiert und konnten so den Anstieg der Summe der emittierten Schadstoffe nur etwas dämpfen, nicht aufhalten.[163]

Ein Ansatzpunkt, der zwar nur bedingt dem technischen Fortschritt zuzuschreiben ist, aber zur Verbesserung der Fahrzeugeffizienz beiträgt, ist der LKW-Fahrer selbst. Durch die Wahl eines für die Transportaufgabe angemessenen Fahrzeugs, eine angemessene Geschwindigkeit, effizientes Fahren (z. B. optimaler Drehzahlbereich, optimale Schaltpunkte) und die Optimierung externer Fahrzeugfaktoren (z. B. Reifendruck, geschlossene Fenster) sind Treibstoffeinsparungen von

---

[161] vgl. Lehrstuhl für Fördertechnik Materialfluss Logistik der TU München/Markt und Wirtschaft – Gesellschaft für Marktforschung und Unternehmensberatung/trilogIQa/Logistik heute (2009): Change to Green, S. 54 f.
[162] vgl. Lehrstuhl für Fördertechnik Materialfluss Logistik der TU München/Markt und Wirtschaft – Gesellschaft für Marktforschung und Unternehmensberatung/trilogIQa/Logistik heute (2009): Change to Green, S. 54 f.
[163] vgl. Stiegeler, J. (2007): Entwicklung des Güterverkehrs - Analysen und Handlungsalternativen unter ökologischen Aspekten, S. 87.

fünf bis zehn Prozent möglich.[164] Der Einsatz von Telematiksystemen hilft Fahrgewohnheiten zu analysieren und zu verbessern.

Des Weiteren können auch neue Ideen zur Gestaltung von LKW helfen, Emissionen zu reduzieren und die Umweltfreundlichkeit zu unterstützen. Nachfolgend werden zwei innovative Konzepte zur Gestaltung von umweltfreundlichen LKW erläutert:

Beispiel 1 – Kühllaster aus CFK

Ökologische sowie ökonomische Vorteile bietet der Kühllaster aus kohlenstofffaserverstärktem Kunststoff (CFK), der für den Discounter Aldi Süd hergestellt wird. CFK-Bauteile sind extrem leicht und wurden deshalb bereits in Flugzeugen und Rennwagen verbaut. Durch die Nutzung dieses speziellen Rohstoffs verringert sich das Gewicht eines LKW je nach Fahrzeugtyp um 25 bis 40 Prozent, spart somit 8,5 Liter Treibstoff auf 100 km ein und emittiert dementsprechend weniger CO_2. Weitere Energieeinsparungen wurden durch eine speziell entwickelte Isolierung erreicht, die die Wärmeabschirmung um 30 Prozent verbessert. Ein letzter Umweltbonus wird durch die Überarbeitung des Kühlsystems selbst erreicht. Statt mit giftigen Chemikalien, kühlt der CFK-Laster mit CO_2 in einem geschlossenen Kreislauf.[165]

---

[164] vgl. Lehrstuhl für Fördertechnik Materialfluss Logistik der TU München/Markt und Wirtschaft – Gesellschaft für Marktforschung und Unternehmensberatung/trilogIQa/Logistik heute (2009): Change to Green, S. 50.
[165] vgl. Kielmann, A.: Niedersachsen auf der IAA Nutzfahrzeuge 2010: Leichtester Kühllaster aus CFKv, am 20.09.2010.

Beispiel 2 – EuroCombi

Eine weitere LKW-Innovation, die nicht nur eine Senkung der CO_2-Emissionen verspricht, sondern auch helfen will, das zukünftige Verkehrsaufkommen zu bewältigen, besteht in dem Einsatz des Euro-Combis. Diese Nutzfahrzeuge, auch Gigaliner genannt, sind 25,25 Meter lang, 4 Meter hoch und 2,50 Meter breit bei einem Gesamtgewicht von 60 Tonnen. Damit kann diese Art von LKW 52 statt der bisher möglichen 34 Euro-Paletten laden und erreicht 150 statt 100 Kubikmeter Ladevolumen. Bei einem europaweiten Einsatz und gleichbleibendem Güteraufkommen könnte die Zahl der LKW um ein Drittel vermindert werden und damit helfen den Verkehrsinfarkt zu verhindern.[166] Ferner hat das Fahrzeugwerk Krone, die Pioniere dieser Technik, bei ihren ersten Testfahrten im Jahr 2005 nachgewiesen, dass ca. 20% weniger Schadstoffausstoß und 15% weniger Treibstoffverbrauch möglich sind.[167]

Das größte Hindernis, das dem Einsatz der Gigaliner entgegensteht, ist die deutsche Gesetzgebung, nach der das zulässige Gesamtgewicht 40 Tonnen und die zulässige Länge 18,75 Meter betragen darf.[168] In der nun herrschenden Diskussion um den Einsatz der Gigaliner ist ein entscheidender Aspekt die Belastung der Straßen und Brücken in Deutschland. Während das Problem der Belastung der Straßen durch unterschiedlich breit gestaltete und moderne Achsen sowie Achsenaufhängungen gelöst werden kann[169], bleibt fraglich welchen Ballast die deutschen Brücken ertragen, die immerhin zu zwei Drittel älter als 25 Jahre sind, ohne einen Schaden zu erfahren.[170] Des Weiteren wird befürchtet, dass der Einsatz des EuroCombi die gewünschte Verlagerung des Ver-

---

166 vgl. Mayer, B.: Kampf um Giganten, in: Focus, Nr. 39, vom 20.09.2004.
167 vgl. Bretzke, W.-R./Barkawi, K. (2010): Nachhaltige Logistik, S. 75.
168 vgl. Mayer, B.: Kampf um Giganten, in: Focus, Nr. 39, vom 20.09.2004.
169 vgl. Dorsch, M. (2009): Verkehrswirtschaft, S. 54 f.
170 vgl. Mayer, B.: Kampf um Giganten, in: Focus, Nr. 39, vom 20.09.2004.

kehrs auf die umweltfreundlicheren Verkehrsmittel Bahn und Schiff, also die Durchsetzung des kombinierten Verkehrs, verhindert. Nach Bretzke und Barkawi ist diese Befürchtung nicht haltbar. Zwar könnten die Gigaliner größere Warenmengen als die bisher üblichen LKW transportieren, doch können sie die Vorteile eines funktionierenden kombinierten Verkehrs nicht übertreffen. Diese bestehen insbesondere in der zuverlässigeren Berechenbarkeit der Bahn und des Schiffs, die in Folge des erhöhten Verkehrsaufkommens (Abschnitt 3.3) an Wichtigkeit gewinnt, und der höheren Massenleistungsfähigkeit. Eher kann davon ausgegangen werden, dass die Gigaliner den kombinierten Verkehr im Vor- und Nachlauf erheblich unterstützen können. So kann die „Verklumpung" des Seehafenhinterlandverkehrs gelockert werden, da für den Weitertransport der Ware von Containerschiffen, die künftig bis zu 15.000 Container laden können, weniger LKW benötigt werden.[171]

---

[171] vgl. Bretzke, W.-R./Barkawi, K. (2010): Nachhaltige Logistik, S. 75 f.

6. Fazit und Ausblick

Es gibt vielfältige Ansätze, eine nachhaltige Entwicklung in einem Unternehmen zu verfolgen. Auszugsweise wurden diese in den vorigen Ausführungen erläutert. Begonnen wurde in Kapitel 2 mit der Entwicklung der Nachhaltigkeit und der Feststellung, dass sich der Nachhaltigkeitsgedanke nicht nur auf den Umweltschutz bezieht, sondern auch ökonomische und soziale Aspekte mit sich bringt. Insbesondere die sozialen Gesichtspunkte wurden in dieser Arbeit vernachlässigt. Mit diesen theoretischen Grundlagen ist wohl kaum ein Unternehmen vertraut. Dennoch wissen inzwischen alle Betriebe, dass durch die Transporte ihrer Güter CO_2 emittiert wird und dass sie so zum Klimawandel beitragen. Dass dieses Wissen allein nicht Grund genug für eine wesentliche Überarbeitung der Logistikstrukturen ist, zeigt Kapitel 3 anhand der Untersuchungen zum Modal Split und dem multimodalen Verkehr. Das meist eingesetzte Transportmittel ist und bleibt der LKW und auch der Einsatz verschiedener Verkehrsträger für einen Transport konnte sich noch nicht durchsetzen.

Dies könnte sich jedoch in Zukunft ändern. In Kapitel 4 wird dargestellt, wie steigende Treibstoffpreise, die steigende Verkehrsleistung, das steigende Interesse der Konsumenten sowie die Internalisierung externer Effekte auch wirtschaftliche Anreize für Unternehmen schaffen, ihren Emissionsausstoß zu verringern. Durch steigende Treibstoffkosten, verstopfte Straßen und die Einführung der Maut wird der umweltschädliche Verkehr, insbesondere der Transport per LKW, teurer und die Unternehmen fühlen sich gezwungen, ressourcenschonende und umweltfreundlichere Konzepte zu verfolgen. Hierfür erarbeitet Kapitel 5 Strategien und schlägt konkrete Anpassungsmaßnahmen von Transportnetzen vor, die zur Steigerung der Umweltfreundlichkeit von Transporten beitragen.

Doch auch bei steigenden Bemühungen und ökologischem Engagement kann der Klimawandel nicht mehr aufgehalten, sondern dessen Auswirkungen nur noch abgemildert werden.[172] Dies ist allerdings kein Grund, die ökologischen Anstrengungen zu verringern, auch der Unterschied um wie viel Grad sich die Durchschnittstemperatur erhöht, hat große Auswirkungen auf den Lebensraum auf der Erde. Unternehmen sollten also nicht vor Investitionen in Forschung, neue Technologien und neue Transportnetze zurückschrecken, durch die die negativen Umwelteinwirkungen und der CO_2-Ausstoß verringert werden. Diese Investitionen sind unbedingt erforderlich, denn sie machen zukünftiges Wirtschaften überhaupt noch möglich.

---

[172] vgl. Greenpeace: Ist der Klimawandel noch aufzuhalten?

Literaturverzeichnis

Aachener Stiftung Kathy Beys (1987): Brundtland-Report: Unsere gemeinsame Zukunft, abgerufen unter: http://www.nachhaltigkeit.info/artikel/brundtland_report_1987_728.htm, 10.01.2011.

Aberle, G. (2003): Transportwirtschaft, 4. Auflage, München.

Arnolds, H./**Heege**, F./**Röh**, C./**Tussing**, W. (2010): Materialwirtschaft und Einkauf. Grundlagen – Spezialthemen – Übungen, 11. Auflage, Wiesbaden.

Bichler, K./**Krohn**, R./**Philippi**, P. (2005): Gabler Kompakt-Lexikon, Logistik, Wiesbaden.

BImSchG (2010): Gesetz zum Schutz vor schädlichen Umwelteinwirkungen durch Luftverunreinigungen, Geräusche, Erschütterungen und ähnliche Vorgänge (Bundes-Immissionsschutzgesetz - BImSchG).

Bretzke, W.-R. (2010): Logistik in Zeiten des Klimawandels – Vom Teil des Problems zum Teil der Lösung, in: Bundesvereinigung Logistik (BVL) e.V. (Hrsg.): Strukturwandel in der Logistik, Wissenschaft und Praxis im Dialog, Hamburg.

Bretzke, W.-R./**Barkawi**, K. (2010): Nachhaltige Logistik - Antworten auf eine globale Herausforderung, Heidelberg.

Bretzke, W.-R. (2009): Nachhaltige Logistiksysteme – Anpassungsbedarfe in einer Welt steigender Energiekosten, überlasteter Verkehrswege und rigide bekämpfter Schadstoffemissionen, in: Inderfurth, K./Schenk, M./Wäscher, G./Zadek, H./Ziems, D. (Hrsg.): Sustainable Logistics, Magdeburg.

Bukold, S. (1996): Kombinierter Verkehr Schiene/Straße in Europa - Eine vergleichende Studie zur Transformation von Gütertransportsystemen, Frankfurt am Main.

Bundesamt für Güterverkehr (2009): Marktbeobachtung Güterverkehr, Jahresbericht 2009, abgerufen unter: http://www.bag.bund.de/cae/servlet/contentblob/45730/publicationFile/3288/Marktb_2009-Jahresber.pdf, 26.01.2011.

Burr, W./**Stephan**, M. (2006): Dienstleistungsmanagement - Innovative Wertschöpfungskonzepte für Dienstleistungsunternehmen, Stuttgart.

Deutsche Bahn AG (2008): Deutsche Bahn erprobt erstmals 1.000-Meter-Güterzug - Erfolgreiche Erprobungsfahrt zwischen Oberhausen und Rotterdam - Lösungsansatz zur Effizienzsteigerung im Schienengüterverkehr, Pressemitteilung vom 01.12.2008, abgerufen unter:
http://www.pressrelations.de/new/standard/result_main.cfm? aktion=jour_pm&r=348632, 05.01.2011.

Deutscher Bundestag (2002): Schlussbericht der Enquete-Kommission – Globalisierung der Warenwirtschaft – Herausforderungen und Antworten, Drucksache 14/9200, abgerufen unter:
http://dipbt.bundestag.de/doc/btd/14/092/1409200.pdf, 03.02.2011.

Dorsch, M. (2009): Verkehrswirtschaft - 40 Fallstudien mit Lösungen, München.

Dyckhoff, H. (2000): Umweltmanagement - Zehn Lektionen in umweltorientierter Unternehmensführung, Heidelberg.

Dyckhoff, H./**Souren**, R. (2008): Nachhaltige Unternehmensführung. Grundzüge industriellen Umweltmanagements, Heidelberg.

Feige, D./**Klaus**, P. (2008): Modellbasierte Entscheidungsunterstützung in der Logistik, Hamburg.

Forschungsinitiative Schiene - © Verbundprojekt Portal C (2010): Projektdokumentation, Forschungsprojekt „Portal C" im Rahmen der Forschungsinitiative Schiene, AP 10: Umweltmobilitätsvergleich, Anhang 3: Aktuelle Inhalte der EcoTransIT – Applikation, abgerufen unter:
http://www.portal-c.info/index.php?id=40&no_cache=1&file=37&uid=40, 23.02.2011.

Glaser, J. (1993): Distributionslogistik und Stadtentwicklung. Ergebnisse der Fallstudie „Warendistribution im Einzelhandel der Hamburger City", in: Läpple, D. (Hrsg.): Güterverkehr, Logistik und Umwelt - Analysen und Konzepte zum interregionalen und städtischen Verkehr, Berlin.

Gleißner, H./**Femerling**, J. C. (2008): Logistik: Grundlagen – Übungen – Fallbeispiele, Wiesbaden.

Gomm, M./**Hansen**, E. G. (2010): Nachhaltige Mobilität durch Mitfahrkonzepte – Herausforderung und Lösungsansätze für eine bessere Auslastung bestehender Mobilitätsressourcen in privaten PKW, in: Schönberger, R./Elbert, R. (Hrsg.): Dimensionen der Logistik - Funktionen, Institutionen und Handlungsebenen, Wiesbaden.

Greenpeace: Ist der Klimawandel noch aufzuhalten? Vom 19.04.2007, abgerufen unter: http://www.greenpeace.de/themen/klima/klimawandel/artikel/ist_der_klimawandel_noch_aufzuhalten/, 08.02.2011.

Gudehus, T. (2005): Logistik - Grundlagen, Strategien, Anwendungen, 3. Auflage, Heidelberg.

Günther, E. (2008): Ökologieorientiertes Management, Stuttgart.

Häusler, H. J./**Lange**, U./**Slotta**, G. (1997): Efficient Consumer Response (ECR) – Veränderte Verkehrsströme durch Reengineering der gesamten logistischen Wertschöpfungskette, in: Feser, H.-D./von Hauff, M./Kruse, B. (Hrsg.): Umweltverträgliche Logistik- und Verkehrskonzepte, Regensburg.

Hermes, A./**Preuß**, M./**Wagenitz**, A./**Hellingrath**, B. (2009): Integrierte Produktions- und Transportplanung in der Automobilindustrie zur Steigerung der ökologischen Effizienz, in: Inderfurth, K./Schenk, M./Wäscher, G./Zadek, H./Ziems, D. (Hrsg.): Sustainable Logistics, Magdeburg.

Hoepke, E. (1997): Der LKW im europäischen Straßengüter- und kombinierten Verkehr - Verkehrspolitische, technische, logistische, kalkulatorische und ökologische Aspekte, Renningen-Malmsheim.

Hofmann, H. (o.J.): 3 Säulen der Nachhaltigkeit, abgerufen unter: http://www.intern.tu-darmstadt.de/zeigebild.de.jsp?quelle=/media/dezernat_iv/d4_grafiken/sulen_nachhaltigkeit.gif&beschreibung=Grafik:+Heiko+Hofmann, 10.01.2011.

Ifeu (Institut für Energie- und Umweltforschung Heidelberg GmbH)/SGKV (Studiengesellschaft für den kombinierten Verkehr e.V.) (2002): Vergleichende Analyse von Energieverbrauch und CO_2-Emissionen im Straßengüterverkehr und kombinierten Verkehr Straße/Schiene, abgerufen unter: http://www.bgl-ev.de/images/daten/emissionen/vergleich.pdf, 13.01.2011.

Jarvik, E.: UPS says turning right saves time, money, in: Deseret News, vom 16.07.2006, abgerufen unter: http://findarticles.com/p/articles/mi_qn4188/is_20060716/ai_n16540534/ 27.01.2011.

Kielmann, A.: Niedersachsen auf der IAA Nutzfahrzeuge 2010: Leichtester Kühllaster aus CFKv, am 20.09.2010, abgerufen unter: http://www.innovatives.niedersachsen.de/news/article/niedersachsen-auf-der-iaa-nutzfahrzeuge-2010-leichtester-kuehllaster-aus-cfk.html, 31.01.2011.

Koplin, J. (2006): Nachhaltigkeit im Beschaffungsmanagement, Diss., Wiesbaden.

Kotzab, H./**Schütz**, S. (2009): Nachhaltiges Supply Chain Management in der Konsumgüterwirtschaft – Erfahrungen von Nestlé, in: Inderfurth, K./Schenk, M./Wäscher, G./Zadek, H./Ziems, D. (Hrsg.): Sustainable Logistics, Magdeburg.

Kraus, S. (1997): Distributionslogistik im Spannungsfeld zwischen Ökologie und Ökonomie, Diss., Augsburg, GVB, Schriftenreihe Band 35.

Large, R. (2010): Nachhaltigkeit und Logistik – Überlegungen zur normativen Ebene des Logistikmanagements, in: Schönberger, R./Ebert, R. (Hrsg.): Dimensionen der Logistik, Funktionen, Institutionen und Handlungsebenen, Wiesbaden.

Lehrstuhl für Fördertechnik Materialfluss Logistik der TU München; Markt und Wirtschaft – Gesellschaft für Marktforschung und Unternehmensberatung; trilogIQa; Logistik heute (2009): Change to Green. Handlungsfelder und Perspektiven für nachhaltige Logistik und Geschäftsprozesse, 2. Auflage, München.

Lohre, D. (2004): Umweltmanagement und Qualifizierung in Speditionen – Rahmenbedingungen, Anforderungen und Instrumentenentwicklung zur Selbstqualifizierung von Umweltmanagementbeauftragten, Diss., Hamurg.

Lortz, A./**Rausch**, A./**Rogge**, D./**Spahl**, T. (2010): CO_2-Bilanzierung zur Gestaltung klimafreundlicher Transportketten bei BASF, in: Elbert, R. (Hrsg.): Dimensionen der Logistik - Funktionen, Institutionen und Handlungsebenen, Wiesbaden.

Mankiw, N. G. (2004): Grundzüge der Volkswirtschaftslehre, 3. Auflage, Stuttgart.

Martin, H. (2009): Transport- und Lagerlogistik - Planung, Struktur, Steuerung und Kosten von Systemen der Intralogistik, 7. Auflage, Wiesbaden.

Mayer, B.: Kampf um Giganten, in: Focus, Nr. 39, vom 20.09.2004, abgerufen unter: http://www.focus.de/auto/ratgeber/unterwegs/verkehr-kampf-um-giganten_aid_200133.html, 01.02.2011.

Michaelis, P. (2007): Kosteninternalisierung im Straßenverkehr – Eine umweltökonomische Begründung, in: Rodi, M. (Hrsg.): Fairer Preis für Mobilität – Straßenbenutzungsgebühren als Instrument zur Steuerung von Verkehrsströmen, Berlin.

Michalak, P. (2009): Ökologische Logistik - Analyse von Wirkungszusammenhängen und Konzeption von ökologischen Wettbewerbs- und Logistikstrategien, Habil., Hamburg.

Nuhn, H./Hesse, M. (2006): Verkehrsgeographie, Paderborn.

PCF Pilotprojekt Deutschland (2009): Ergebnisbericht: Product Carbon Footprinting – Ein geeigneter Weg zu klimaverträglichen Produkten und deren Konsum? Erfahrungen, Erkenntnisse und Empfehlungen aus dem Product Carbon Footprint Pilotprojekt Deutschland, abgerufen unter: http://www.pcf-projekt.de/files/1241099725/ergebnisbericht_2009.pdf, 29.01.2011.

Petschow, U./Hübner, K./Dröge, S./Meyerhoff, J./Enquete-Kommission „Schutz des Menschen und der Umwelt" des 13. Deutschen Bundestages (Hrsg.) (1998): Nachhaltigkeit und Globalisierung - Herausforderungen und Handlungsansätze, Heidelberg.

ProgTrans AG Basel (2007): Abschätzung der langfristigen Entwicklung des Güterverkehrs in Deutschland bis 2050, Schlussbericht, abgerufen unter: http://www.bmvbs.de/cae/servlet/content blob/30886/publication File/455/gueterverkehrs-prognose-2050.pdf, 13.01.2011.

Puls, T. (2009): Externe Kosten am Beispiel des deutschen Straßenverkehrs – Ökonomisches Konzept, politische Relevanz, praktische Möglichkeiten und Grenzen, Köln.

Rösler, O. M. (2003): Gestaltung von kooperativen Logistiknetzwerken – Bewertung unter ökonomischen und ökologischen Gesichtspunkten, Diss., Wiesbaden.

Schmidt, S. (2007): Straßenbenutzungsgebühren als Element der europäischen Verkehrspolitik, in: Rodi, M. (Hrsg.): Fairer Preis für Mobilität – Straßenbenutzungsgebühren als Instrument zur Steuerung von Verkehrsströmen, Berlin.

Schulz, G. (2007): LKW-Maut in Deutschland – Bilanz und Ausblick, in: Rodi, M. (Hrsg.): Fairer Preis für Mobilität - Straßenbenutzungsgebühren als Instrument zur Steuerung von Verkehrsströmen, Berlin.

Stabauer, M. (2009): Logistische Kennzahlensysteme - Unter besonderer Berücksichtigung von Nachhaltigkeit, Habil., Hamburg.

Stahlmann, V. (2008): Lernziel: Ökonomie der Nachhaltigkeit – Eine anwendungsorientierte Übersicht, München.

Statista GmbH (2009): Entwicklung der Gesamtlänge der Bundesautobahnen von 1970 bis 2009 (in Kilometer), abgerufen unter: http://de.statista.com/statistik/daten/studie/2972/umfrage/entwicklung-der-gesamtlaenge-des-autobahnnetzes-seit-1970/, 05.01.2011.

Statista GmbH (2009): Top 20 Länder nach der Schienennetzdichte, abgerufen unter: http://de.statista.com/statistik/daten/studie/157790/umfrage/ranking-der-laender-nach-der-schienennetzdichte-im-jahr-2009/, am 06.01.2011.

Statista GmbH (2009): Top 20 Länder nach der Straßennetzdichte, abgerufen unter: http://de.statista.com/statistik/daten/studie/157794/umfrage/ranking-ausgewaehlter-laender-nach-der-strassennetzdichte-im-jahr-2009/, 05.01.2011.

Statista GmbH (2008): Länge der Wasserstraßen in ausgewählten Ländern in Kilometern (Top 20), abgerufen unter: http://de.statista.com/statistik/daten/studie/37097/umfrage/ranking-der-top-20-laender-nach-laenge-der-wasserstrassen/, 05.01.2011.

Sternbeck, M/**Kuhn**, H. (2010): Differenzierte Logistik durch ein segmentiertes Netzwerk im filialisierten Lebensmitteleinzelhandel, in: Schönberger, R./Elbert, R. (Hrsg.): Dimensionen der Logistik – Funktionen, Institutionen und Handlungsebenen, Wiesbaden.

Stiegeler, J. (2007): Entwicklung des Güterverkehrs – Analysen und Handlungsalternativen unter ökologischen Aspekten, Diss., Saarbrücken.

Stölzle, W./**Fagagnini**, H. (2010): Güterverkehr kompakt, München.

Trost, D. G. (1999): Vernetzung im Güterverkehr – Ökonomische Analyse von Zielen, Ansatzpunkten und Maßnahmen zur Implementierung integrierter Verkehrssysteme unter Berücksichtigung logistischer Ansprüche verschiedener Marktsegmente, Hamburg.

Umweltbundesamt (2009): Klimaänderungen – Klimaschutz im Energiesektor, abgerufen unter: http://www.umweltbundesamt-daten-zur-umwelt.de/umweltdaten/public/theme.do?nodeIdent=2850, 04.01.2011.

Umweltbundesamt (2009): Klimaänderungen – Klimaschutz im Verkehrssektor, abgerufen unter: http://www.umweltbundesamt-daten-zur-umwelt.de/umweltdaten/public/theme.do?nodeIdent=5617, 23.02.2011.

Umweltbundesamt (2009): Klimaänderungen - Treibhauseffekt – Eine globale Herausforderung, abgerufen unter:
http://www.umweltbundesamt-daten-zur-umwelt.de/umweltdaten/public/theme.do?nodeIdent=2842, 25.01.2011.

Umweltbundesamt (2009): Klimaschutz: Treibhausgasemissionen 2008 auf tiefstem Stand seit 1990 - Deutschland erreicht sein Kyoto-Ziel, Presseinformation Nr. 16/2009, abgerufen unter:
http://www.umweltbundesamt.de/uba-info-presse/2009/pdf/pd09-016_klimaschutz_treibhausgasemissionen_2008_auf_tiefstem_stand_seit_1990.pdf, 04.01.2011.

Umweltbundesamt (2009): Umweltfreundliche öffentliche Beschaffung, abgerufen unter: http://www.umweltdaten.de/publikationen/fpdf-l/3821.pdf, 25.01.2011.

World Commission on Environment and Development (1987): Our Common Future, abgerufen unter:
http://www.un-documents.net/wced-ocf.htm, 25.01.2011.

Anhang

Minimierung von Leerkilometern im Güterverkehr durch eine Transportbörse

Zuordnungsmatrix mit den erforderlichen Leerfahrweiten:

		B1	B2	B3	B4	B5	B6	B7	B8	B9	B10
						Rückladungen					
Fahrzeuge	A1	130	240	M	M	130	70	90	20	M	420
	A2	440	30	M	100	320	M	280	340	10	320
	A3	370	60	440	20	220	90	0	330	280	190
	A4	90	130	270	260	200	320	410	90	350	340
	A5	M	490	90	210	110	160	M	M	M	280
	A6	70	460	230	140	240	80	280	350	10	220
	A7	130	20	440	90	210	470	440	40	300	260
	A8	160	320	120	480	85	10	M	M	M	130
	A9	200	M	0	480	M	90	320	150	100	M
	A10	90	30	40	290	180	50	290	240	190	60

Unzulässige Verbindungen sind in der Tabelle mit einem M gekennzeichnet.
Aufgabe und Ziel ist es, die Rückladungen den Fahrzeugen so zuzuordnen, dass eine minimale Leerkilometeranzahl erreicht wird.
Die Lösung dieses Zuordnungsproblems wird hier durch den Excel-Solver gelöst.
Da der Solver die Verbindungssperrung mit einem M nicht anerkennt, werden diese Verbindungen in der nächsten Tabelle mit einer Formel durch eine hohe Zahl ersetzt (100.000).

		B1	B2	B3	B4	B5	B6	B7	B8	B9	B10
						Rückladungen					
Fahrzeuge	A1	130	240	100000	100000	130	70	90	20	100000	420
	A2	440	30	100000	100	320	100000	280	340	10	320
	A3	370	60	440	20	220	90	0	330	280	190
	A4	90	130	270	260	200	320	410	90	350	340
	A5	100000	490	90	210	110	160	100000	100000	100000	280
	A6	70	460	230	140	240	80	280	350	10	220
	A7	130	20	440	90	210	470	440	40	300	260
	A8	160	320	120	480	85	10	100000	100000	100000	130
	A9	200	100000	0	480	100000	90	320	150	100	100000
	A10	90	30	40	290	180	50	290	240	190	60

Um eine optimale Lösung zu garantieren dürfen die Spalten- und Zeilensummen nur genau 1 betragen. Nun wird der Excel-Solver eingesetzt.

0	0	0	0	0	0	0	0	0	**1**	1	=	1
0	0	0	0	**1**	0	0	0	0	0	1	=	1
1	0	0	0	0	0	0	0	0	0	1	=	1
0	**1**	0	0	0	0	0	0	0	0	1	=	1
0	0	0	0	0	0	**1**	0	0	0	1	=	1
0	0	0	**1**	0	0	0	0	0	0	1	=	1
0	0	**1**	0	0	0	0	0	0	0	1	=	1
0	0	0	0	0	0	0	0	**1**	0	1	=	1
0	0	0	0	0	**1**	0	0	0	0	1	=	1
0	0	0	0	0	0	0	**1**	0	0	1	=	1
1	1	1	1	1	1	1	1	1	1			
=	=	=	=	=	=	=	=	=	=			
1	1	1	1	1	1	1	1	1	1			

Notwendige Leerkilometer:
420